结果思维是汇报工作的第一要素
最少带着两个方案汇报工作的你必定是领导的心头好
选择判断题 √　　解答解释题 ×

不会汇报工作，还敢拼职场

李宗厚 著

开明出版社

图书在版编目（CIP）数据

不会汇报工作，还敢拼职场 / 李宗厚著 . -- 北京：开明出版社，2024.12. -- ISBN 978-7-5131-9433-4

Ⅰ . B026-49

中国国家版本馆 CIP 数据核字第 2024FQ5439 号

责任编辑：卓　玥

书　　名：不会汇报工作，还敢拼职场
出 版 人：沈　伟
著　　者：李宗厚
出 版 社：开明出版社（北京市海淀区西三环北路25号青政大厦6层）
印　　刷：保定市中画美凯印刷有限公司
开　　本：880mm×1230mm　1/32
成品尺寸：145mm×210mm
印　　张：6.5
字　　数：119 千字
版　　次：2024 年 12 月第 1 版
印　　次：2024 年 12 月第 1 次印刷
定　　价：59.80 元

印刷、装订质量问题，出版社负责调换。联系电话：（010）88817647

在职场
"孺子牛"不如"望天猴"？！

在现代职场，职场人会自嘲为"社畜""打工人""都市隶人"，但是他们虽然嘴里说着自嘲的话，内心还是想获得成功。那该如何拼，才能获得成功呢？

"拼"的方式有两种：一种是"孺子牛"（**拼命工作，不请示、不汇报**），另一种是"望天猴"（**认真工作，常请示、勤汇报**）。你要做哪一种呢？

大多数人的选择可能是"孺子牛"——信奉书山有路勤为径，职场有路拼才行。他们觉得还是拼命更靠谱。

可是在职场，"孺子牛"绝对敌不过"望天猴"。

有两个年轻人，一个是"孺子牛"，一个是"望天猴"。他们俩在大学毕业后，在差不多的时间进入了一家公司。两人专业知识都很扎实，工作也很勤奋，也有好的工作业绩。可是，一年以后，"望天猴"成了业务主管，"孺子牛"却依然默默无闻。

为此，很多员工在私下里有所议论，甚至有人说"望天猴"是老板的亲戚。有人在他们的上司面前提到了他们俩，上司只说了一句话："有的人就是能让你放心。"

原来，"孺子牛"只知道埋头工作，很少主动向上司汇报。而"望天猴"非常懂得汇报的重要性，定期向上司汇报。每次出去谈项目，"望天猴"都要在结束后的第一时间将情况报告给自己的上司。遇到一些特殊情况，他也总是先请示上司有什么样的想法和意见，然后再做决定。出差在外，他会报告工作情况；回到公司，他的第一件事就是向上司汇报。

所以，上司对这位"望天猴"很放心，也愿意给他安排一些重要的项目和外出任务。如此下来，他就掌握了很多的资源，建立了广泛的人际关系网络，同时取得了很好的业绩，在公司的地位和影响也就越来越大，提升他做业务主管也就顺理成章了。

努力工作就能在职场上取得成功，这是大部分人的普遍想法。但是，埋头苦干并不意味着能在职场中取得自己想要的那一份成功，以甘当"孺子牛"、极力通过延长工作时间来取悦老板的做法，已经不是现代职场的晋升妙招，识别和把握新类型的机遇才是成功的关键。

而"汇报"，会帮助我们抓住机遇。

有很多老板不放心——在家不放心，出门在外不放心，就是因为自己的下属不懂得汇报工作，让他很心焦。追随松下幸之助30年的江口克彦在《我在松下三十年——上司的哲学，下属的哲学》中专门谈到过这个问题。他认为：**"对于上司来说，最让人心焦的就是无法掌握各项工作的进度**……如果没有得到反馈，以后就不会再把重要的工作交给这样的下属了。所以要知道，虽然只是**一个简单的汇报，却能让你得到上司的肯定。"**

《哈佛学不到》的作者马克·麦考梅克说得更加尖锐："**谁经常向我汇报工作，谁就在努力工作——相反，谁不经常汇报工作，谁就没有努力工作。"**这也许不公正，但是你说老板又能根据什么别的情况来判断你是否在努力工作呢？

我们很多人都不喜欢向自己的上司汇报工作。要么只顾埋头工作，不知道汇报的重要性，甚至不清楚自己应当汇报什么、如何汇报；要么自己的工作没有干好，甚至问题一大堆，不敢面对自己的上司。不论是哪一种情况，都会让上司对我们的工作不放心。对我们的工作不放心就是对我们的人不放心。**对我们的人不放心，定然不会委以重任。不委以重任，我们的"路"也就不会越走越开阔。**

要懂得向上司汇报，还要懂得如何向上司汇报。不会汇报工作，只顾闷着头干活，可能最终只能眼巴巴地看着他人晋升；而知道汇报，却不知道该如何汇报，也可能会步步踩雷。你愿意一直原地踏步，或者犯不该犯的错误吗？如不愿，请你尽快积极地改变——不当只知道干活的"孺子牛"，勇当会汇报工作的"望天猴"。

目录

contents

第1章 打工人一定要懂汇报工作

- 01 "注意力经济"时代，"能见度"很重要 002
- 02 提高能见度，从"汇报工作"开始 007
- 03 汇报工作是工作的一部分 011
- 04 不汇报就是不尊重 015

第2章 基础技巧

- 01 汇报的频率首先取决于企业文化 020
- 02 职场新人最好每日一报 024
- 03 哪些情况下必须汇报 028
- 04 不要事事汇报，要着重汇报 032
- 05 带着解决方案汇报工作 036
- 06 汇报工作要找准时机 040
- 07 营造良好的汇报氛围，在"黄金时刻"沟通 043
- 08 根据上司的心理周期汇报工作 047

09 永远不要担心上司没时间听你汇报 053
10 拿好纸和笔再敲门 056
11 图表比文字更具有说服力 061
12 不要说模糊性语言 065
13 读懂上司的肢体语言 068
14 不要越级汇报 074
15 巧用电子邮件和微信 078

第3章 进阶技巧

01 就汇报工作而言，一分钟足够 084
02 戴好面具，把自己乔装成"中性人" 088
03 干活时，小题大做 092
04 捕捉上司的弦外之音 095
05 明确上司目标，与上司想法并轨 098
06 以"横切苹果"的刀法提案，让上司感到惊艳 102
07 多用"比如、假如"，让理想照进现实 105
08 如何搞定变色龙老板 110
09 如何跳出汇报时进退两难的窘境 114
10 如何及时向领导汇报坏消息而不遭殃 118
11 说服领导改变主意的六种方法 123
12 如何通过年度总结讨加薪 128

第4章　工作态度、情绪管理

01　了解领导的习性很有必要 134

02　如何克服怕见领导的心态 139

03　要谦虚，不要挑战上司的权威 145

04　要自信，捍卫你的话语权 149

05　不推诿，推诿就是拒绝 154

06　不诋毁，不给别人挖坑 159

07　如何面对正在发怒的上司 162

08　牢记他是在说事，不是在骂人 167

09　被上司误判误骂不生气 171

10　千万别急于为自己辩解 175

11　立即行动，以积极的态度工作 179

12　释放职场压力，如此工作不辛苦 183

13　最牛的员工是"能把讨厌的事做好" 186

14　如何应对领导分配的"硬骨头" 190

15　如何从职业倦怠中浴火重生 195

★ 第1章

打工人一定要懂汇报工作

01 "注意力经济"时代,"能见度"很重要

努力工作就能在职场上取得成功,这是很多初入职场的人的普遍想法。谁都想在工作中一展身手,得到老板的赏识,进而平步青云、蒸蒸日上。为了孩子将来在职场中能更顺当一些,早在几年前,父母们就开始苦口婆心地教导:"孩子,等工作了,一定要好好干,脚踏实地,遇事谦让。"

罗罗的父母就是这样教育她的。

罗罗,女,28岁,研究生学历,南京某合资物流公司职员。

大学毕业,到应聘单位签合同的当天晚上,爸爸妈妈开心极了,一家人围坐在桌前给她庆祝,祝贺她正式步入社会。身为一名老党员,爸爸喝了点儿酒,对着女儿滔滔不绝,恨不得把这辈子的职业心得通通教给女儿。诸多肺腑之言当中,有几句话罗罗听进了心里:"干工作,上司最喜欢的同志,就是那种勤勤恳恳、兢兢业业,干好分内事,不给他找麻烦的下属。在单位里,你做的任何事情,上司都看在眼里,你的成绩和表现都是他评价你的依据。作为一名新进

单位的小同志,要多向其他同志学习、请教,遇到评奖、评先进这些事,要懂得谦虚和礼让。有句老话说得好,要想在单位里赢得更多支持和肯定,就要懂得把掌声和鲜花留给别人!"

当时,罗罗虽然嫌爸爸的话有些啰唆,不过,话倒是句句都有道理。上班以后,不知不觉间,这些道理开始潜移默化地渗透到她的工作中来。她性格温和、低调内敛,一向以与世无争的低调态度对待工作。

刚开始,她被分配到行政部门工作,部门总共只有两个人:她和主任。罗罗任劳任怨,大事小事几乎都是自己一个人搞定。不过,在行政部门最大的好处,是让她迅速熟悉了公司各部门的运作情况。正因为如此,两年后,当有新人进来时,罗罗就被调去营运部工作,正式参与项目的运作。

到了一个全新的领域,她依然以新人的姿态做事,部门的人较多,当业务集中时,常常会分成几个小组来跟进不同的项目。每次小组开会,罗罗总会尽量把自己的方案拿出来给大家讨论。小组长拿去给部门主管汇报时,她也从不介意方案上写的是谁的名字,因为她认为项目方案大部分都是在自己的内容上做细微的修改,大家都看在眼里,争不争那个名字其实无所谓。

渐渐地,她对这种情况习以为常,也就没把心思放在这里了。

一晃五年过去了，尽管罗罗不是敏感计较的人，她也明显察觉到了一种很奇怪的现象：似乎所有的好事都和她绝缘，幸运总落不到她的身上。去外方公司考察、年终时评最佳员工、单位出资的公费研究生课程……这些带有福利性质的各种活动，从来没有她的份，升职加薪更没有在她身上发生过。这时候，罗罗心里终于犯了嘀咕：难道我真的容易被忽视吗？

这个疑问盘桓在她的心头，直到今年4月，在公司周年庆的晚宴上，老板喊不出她的名字时，她才如梦初醒，惊出一身冷汗！

今年4月，公司上上下下最重要的事情，便是筹备公司成立五周年的庆祝活动。据说届时将有重量级的高层来考察工作，公司上司层对此非常重视。

幸运的是，活动进行得非常顺利，集团高层对南京分公司的工作表示满意。当晚，南京分公司的老板心情大好，请员工吃庆功宴，犒劳大家连日来的辛苦。当老板手握酒杯走到罗罗那一桌时，忍不住停下来和大家闲聊几句。碰巧的是，罗罗刚好站在老板旁边，老板看了看她，指着她向部门经理问道："这位女士好眼熟，她的名字是……"

当时，所有人都惊呆了。作为一名上班五年的老员工，老板竟然连自己的名字都叫不出来，罗罗差点当场"石化"。同事们一番哄笑过后，罗罗不禁露出尴尬的神色。是的，就职场而言，老板记不住你的名字，这绝不是件好笑的事情。

虽然大家很快转移了话题，但那顿饭，罗罗吃得很不是滋味。显然，她多年来的工作方式出了问题，但问题出在哪儿，一时也理不清头绪。

在职场中，像罗罗这样吃力不讨好的"小黄牛"多得是。这些"小黄牛"沿袭了上一辈"老黄牛"的职场价值观：是金子始终会发光，埋头苦干的人终究会得到老板的赏识。他们的行为方式是这样的：平日里，坚持低调内敛的作风，见到老板都习惯性地绕道走，甚至完成了一单大的项目，被他人邀功抢去风头时，也毫不介意。

显然，在我们这个"注意力经济"时代，默默无闻、埋头苦干的"黄牛理念"过时了。理由很简单：在员工很多的工作场合，会干的、有才的人很多，如果你只知道默默无闻地完成你的工作，而不知道适当地表现，那么，老板又怎会在人堆里发现你这匹千里马呢？你将如同空谷幽兰，根本找不到让老板闻到你芳香的介质，那你怎么可能有机会得到上司的赏识呢？

当然，职场不是秀场，哗众取宠不可取，那些只会夸夸其谈、耍嘴皮子，做起事情一塌糊涂的人在职场中更难得到认同、获得发展。我们也不提倡年轻人以这样一种态度面对工作。我们所崇尚的，是埋头苦干不如"抬头"苦干。所谓"抬头"，是指适应周围的人际环境，做好与同事、上司的沟通，想方设法适当提高自己的"能见度"，让同事和上司看到你的努力和能力，做一头让上司看得见的"黄牛"。唯如此，才能随时调整好你的职业道路，才容易成功。

02 提高能见度，从"汇报工作"开始

如何提高自己的职场"能见度"，让上司深信你的能力？那就要从开口说话、汇报工作开始。

其实，仔细观察一下就不难发现，那些被提拔获得升迁机会的同事，都有一个共同的特点：很善于向老板汇报自己的工作。甚至有人说过，如果你想报复一个人，只需要阻碍他及时汇报工作就行了。

某集团公司有两位性格不同的区域经理，甲经理承担的是一个大区域的工作，乙经理承担的是一个小区域的工作。甲经理以"大"自居，工作主动性差，每次在集团会议上，向上司汇报工作时，总是被办公室主任安排到最后。等到他发言时，上司们已经累得筋疲力尽，只得催促他"简单一点儿、快一点儿说"。有时候，不等他汇报完，会议就因时间不足结束了。乙经理则敢争敢抢，不以处"小"而自卑，每周都要坚持向上司汇报一次工作，每月的集团会议上，都请办公室主任安排他最先汇报。每次汇报，他不但谈自己的工作，还要把部门的好人好事表述一番。

一年之后，上司在评价这两位经理的工作时，都觉得乙经理干了不少事，对甲经理则有一种不了解、不清楚的感觉，有的甚至给了他一个"干了点儿事，但是不突出"的评价。

汇报工作时一怠一争，做法相反，起到的效果也截然相反。这位甲经理，不仅自己一年的工作在评比上大打折扣，连他的下属也跟着吃亏。

所以，不管考核制度完美到什么程度，不主动汇报工作的人绝不会得到什么好的评价。一个聪明的下属要想获得晋升机会，不仅要做好工作，还要善于抓住时机汇报工作。

汇报工作是与老板接触的最名正言顺的机会，是最直接地提高"能见度"的方法，一是显得对上司的尊重，二是让上司看到你都做了些什么，取得了什么样的成效，方便上司对工作进度的控制。

请问，还有比这更好的接近上司的方法吗？

相反，假如你只知道苦干，把自己弄得云山雾罩的，上司哪里知道你在忙活什么呢？又怎么能记得住你？

许多人并不重视汇报工作，没有抓住这种机会。他们认为把工作做完，交给老板就万事大吉了。的确，在这种情况下，老板不会找你的麻烦，但也记不住你的特色。

曾经有一位员工，在同一个岗位上干了好几年也没有获得升迁。他反省了自己的得失，最后想出了一个办法：在交给老板的报表中,他似乎是无意地夹入了一张便条,上面写着他发现的本部门工作的一些问题和提出的一些建议。老板在翻阅报表时,便条掉了出来,老板捡起便条,越看越惊奇。过一会儿,他去敲老板办公室的门,脸色通红地说:"对不起,我把自己的一件东西错放到文件中了。""我已经看了,你的想法很好呀!"老板热情地和他交谈起来。他是有备而来,必然说得头头是道。最后老板决定升任他为某个地区的副经理。

向老板汇报工作是展现自己才华的机会,也是向老板了解各种信息的机会。一般来说,即使和老板相处的时间只是短短几分钟,你也能从老板的表情、话语中得到一些有用的信息,如老板对你的态度,对目前公司处境的态度,对下一步工作进展的预测等。

相反,不重视这种机会,不仅失去了在老板面前表现自己的机会,还可能给小人以可乘之机。大伟在一家合资企业工作,老板要求他们每周交一份工作总结。有个同事十分"热心",每次都对他说:"我正好去办公室,就顺便帮你交了吧。"

大伟属于毫无心计的人,便连连道谢地答应了。半年之后,大伟才知道,他的同事在每次交报告时都对老板说,大伟那份报告也是他做的。

记住,当你是一个处于基层的小员工时,当你的老板似乎高高在上难以接近时,尤其当你找不到与老板交流的途径时，你可以从向老板汇报工作开始。

争取向老板汇报工作的机会吧，那是在职场上脱颖而出的捷径所在。

03 汇报工作是工作的一部分

在大部分人的职业观念里,汇报工作就是做表面文章。其实,这是一种偏见。汇报本身就是工作的一部分,它不是形式,而是内容。

在西点军校,每天早晚列队时,总少不了这一环节:"报告长官,今天应到多少人,实到多少人,有几人请事假,几人请病假……"一路报过去,每次略有不同,但最后一句永远不变:"报告完毕。""报告完毕"是一种有头有尾的思维方式,此言一出,长官便对已经发生的情况做到了心中有数。

西点军校强调,长官向学员布置任务后,学员无论任务完成得如何,都需要向长官说"报告完毕"。因为只有在接到学员的这一信息后,长官才可以基于最新信息做出决策。

西点军校的长官还会要求学员按时并按一定规范汇报工作,而且汇报须简洁明了。学员若对长官不及时汇报,或者汇报的态度不好,都是破坏了规矩,破坏了学员对长官服从的职责。

部队如此,企业也如是。对企业上司来说,上司之外所有人都是员工，不管你是高级管理者还是普通职员。作为下属，要养成主动汇报工作进度的习惯，让上司了解你为企业所付出的一切。

汇报工作是下属的义务，是下属的日常工作，也是下属应遵守的规矩。在企业里，一项工作，针对负责具体工作的员工来说，仿佛脚踏实地地干活是工作的全部内容，而在上司的立场看来，这仅仅是开始，甚至是微不足道的一部分。因为企业的工作是复杂的，有很多链条和环节，任何一个细节的变动都有可能牵一发而动全身。上司的职责是掌控大局，也就是说，上司需要随时掌握情势，根据情势做出判断、决策和调整，而员工的工作，恰恰能反映出种种情势。所以，你看起来是完成了的事，在上司那里只是个开始；你认为是可有可无的事，在上司的业务体系里有可能是大事。

很多人可能会这样想：这点芝麻大的事，算了，说了也不会有什么用。这种想法是不可取的。事情是否重要，应由上司来判断，员工的义务是据实汇报。有些事在员工看来是小事，但对上司来说，却极有可能是相当重要的线索。有些员工就是因为工作时过于疏忽大意，使上司没有了解到相关的重要线索，结果影响了正确决策。

小杨的工作能力很强，在某公司辛辛苦苦、踏踏实实地工作。凡是小杨出面的地方，工作上的问题没有解决不了的。凭着认真、努力，熬了三年，他终于成了客服部的主管。

　　成了客服部的主管以后,小杨更努力了。为了感谢上司的厚爱,他下定决心,一定要为上司分忧解难。看到上司工作很忙,他想方设法为上司分担,有时候客户那边出了什么事,部门之间有什么矛盾,他都是自己尽力解决,从不给上司汇报。原因很简单,他觉得不应该让上司为之费神,他认为上司应该忙公司的大事。

　　可是有一天,上司从别的部门听说了客服部的问题,质问小杨为什么有问题不及时汇报,小杨不解地说:"这都是小事啊。"上司更愤怒了:"大事还是小事,我说了算!再说,客户的事没有小事!你要早汇报这个情况,我就把本季度的培训计划倾向于客服。现在总部那边已经一锤定音了,我怎么更改?"

　　就因为这件在小杨眼里的"小"事,他几年的努力都白费了,被降了职,又回到几年前的职业高度。

　　从以上案例可以看出,小杨觉得汇报工作是小事,做具体的业务、多干活是大事,好像自己很对得起自己的工作,可没想到老板却不为他的好心感动,并不领他的情、买他的账。

　　决策上的取舍是上司的责任与义务,至于下属,应该做好的是详细地汇报工作。这样,上司才会对你感到放心,并对你委以重任;而那些懒于向上司汇报工作的员工,就只能像小杨一样眼睁睁地看着成功的机会落到别人身上了。

那些平时不喜欢汇报工作的员工,其心理想法或是害怕上司知道他一事无成,尽量将报告量维持在最小限度;或是自以为是地认为报告只是一种形式,毫无价值,觉得写报告很麻烦;有些员工因为写了差劲的报告而被上司指责,从此,连该报告的事也默不吭声了;最糟糕的是,因为讨厌上司,所以故意不主动提出报告,并把这当作反抗上司的武器。

当然,有些员工的确不善于汇报工作,虽然他的工作可能做得不错。那么这类员工应该尽早认识到汇报工作是工作的一部分,并且是至关重要的一部分。这样一来,在上司心目中,你的形象会清晰鲜亮很多。

04 不汇报就是不尊重

很多老员工都对老板定下的"早请示晚汇报"的规矩比较反感,总觉得这样做让自己缺乏自由,感到不被信任、不被尊重。可是,你有没有站在老板的角度想想:假如你不主动汇报,你对老板的尊重又体现在何处?

一般来说,任何一位上司都比较看重两样东西:一是他的上司对他的信任;二是他的下属对他的尊重。作为一名上司,判断下属是否尊重他的一个重要标准,便是下属是否经常向他汇报工作。

心胸宽广的上司,对于下属懒于汇报,或因疏忽而很少向其汇报,也许不太计较。他们会好心地从主观上为下属开脱,认为下属也许是因为工作太忙,没有时间汇报;也许是本身就是他们职责内的事,没必要汇报;或者是自己这段时间心情不好,表现在言谈举止上,他们害怕来汇报,等等。

但对于心胸狭隘的上司来说,如果出现这种情况,他们的思维线路是这样的:不汇报就是没把我放在眼里,就是把我的话当耳旁风!接下来,他就会做出各种猜测:这些下属是不是看不起我；这些下属是不是不买我的账；这些下属是不是联合起来架空我？一旦猜测成了他的某种认定，他就会利用手中的权力来"捍卫"自己的"尊严"，从而做出对下属不利的举动。

让我们看一个小故事，看看不积极向上司汇报，可能会给自己带来什么样的麻烦。

有一个客户想做一个灯箱广告，便打电话给一家广告公司，本是想找经理详谈，但经理恰好不在，是一位员工接通了电话。"麻烦你转告经理，我这里需要设计一个灯箱广告。""这个啊，没问题！你派人过来和我们洽谈一些具体操作事宜就可以了。"员工爽快地说，但并没有及时转告经理。这位客户到达广告公司后，恰巧遇到了回来的经理，在了解了缘由后，经理和客户进行了详细的沟通。沟通结束后，经理把自己的微信和电话都告诉了客户，并表示，如果后续有需要，可以直接在微信通知他，他派人到客户那里去，将客户的详细要求带回来。客户满意地离开了。客户离开后，经理转头就批评了刚才接电话的员工。

这个故事从表面看，是在讲员工对自己的工作权限认识不清楚、自作主张，但实质上，它在讲员工因为不及时汇报，引起了上司的不满情绪。

当然，在工作中，上司和下属常常会产生这种矛盾，这是客观事实——下属希望自己有独立做事的自由，而上司总是对下属的工作心存顾虑。当发生这种情况的时候，一般来说，解决的方式便是下属调整工作方式，凡事多汇报。因为在上下级关系中，上司处于主导地位，他能够决定和改变下属的工作内容、工作方向，甚至工作职责。一言概之，下属的命运掌握在上司的手中。

当然，为了在密切汇报的同时，为自己争取更多的自由，你可以尝试这样做：

第一步：用心聆听上司的指示，并随时记笔记

当上司委派任务给你的时候，要认真聆听，真正领会上司的意图和工作重点。常常有人在上司讲话的时候开小差，脑子里想别的事情，结果等到做事的时候一塌糊涂，误解了上司的意图或要求，白费力气还会被上司批评。因此，要认真地接收上司的指示，这有助于后续制定汇报内容。

接收了上司的工作指示之后，应马上整理有关的记录，然后简明扼要地向上司复述一次，检查自己有无疏漏或误解之处，或者是否有尚不清楚的地方。得到了上司的确认后，才可以进入下一个工作流程。

第二步：简明地表达个人的见解

如果上司委派的只是一项简单的任务，你可以简单地表明自身态度，请上司对你的工作放心。如果任务比较艰巨复杂，那么你应当有条理地向上司阐述开展工作的方法以及相关的计划内容，征求上司的意见或建议。

第三步：弥补缺憾，力求完备

我们向上司汇报工作时，往往会出现一些失误，比如对一些情况把握不准，漏掉部分内容，或归纳总结不够贴切等。对于失误，可以采取给上司提供背景资料、组织参观活动、利用其他接触机会与上司交流等方法对汇报进行补充和修正，使其更加周密和圆满。

当然，最有说服力的还是成绩，一个人要想得到晋升，光凭嘴上夸夸其谈还远远不够，必须拿出成绩来。只有让大家都信服，才能取得晋升的砝码。

★ 第2章

基础技巧

01 汇报的频率首先取决于企业文化

该不该敲上司办公室的门呢？
该多久敲一次呢？
敲得勤了，他会不会烦？
工作进行到什么阶段要汇报？
…………

很多职场人都会被这些问题困扰。在我最初上班的那两年，经常会为了"工作中出现了问题，我该不该去汇报"而前前后后纠结好几个小时。

关于汇报的频率，最为常规的做法是：给上司建立一个自己会定期汇报的预期，使每次的汇报程序化，从而减少突兀的感觉。当然，这种常规做法也受到企业文化的制约。

高小姐刚刚换了工作，在新公司担任中层干部，虽然工资比之前高很多，但她对于新工作的态度，更多的是无奈。

新公司的企业文化，是使全体员工对企业高度认同，对企业战略目标高度理解，为企业付出劳动时高度自觉。为了实现这个目标，每个人都要接受为期两周的新员工培训，每天高喊热爱企业的口号，拉练、爬山。公司平日的管理也非常严格，还会要求员工穿工作服。

比起严格的组织纪律，更让高小姐受不了的，是规定员工每周工作5天，每天从早上8：30干到晚上6：30，下班前还要向上司详细汇报一天的工作情况。这让她非常不习惯，因为她原来的公司对此从不做要求，上司甚至不喜欢员工经常敲门。这导致她对现在的上司印象非常差。"天知道我能坚持多久。"高小姐很纠结地感叹。

其实，高小姐的烦恼，几乎每个人都遭遇过：刚刚在这家公司学会了早请示晚汇报，换了另一家公司却行不通；上一个上司整天强调勤沟通、多请示，这刚来的"空降兵"则怪员工工作缺乏自主性、办事不利索。上司和上司的差别就是这么大！

从表面上看，这似乎只和具体上司的脾气有关，而实际上，这不仅仅是上司个人性格脾气的事，更事关整个企业文化。

上司对员工汇报频率的要求和企业的性质、文化有很大的关系。一般而言，大多数民营企业、国企都有早请示晚汇报的传统和习惯，日韩企业也大多如此。

不过，现在一些新型的企业文化也在兴起，一些工作室、公司，在打卡、汇报、开会等环节的制度上不会过于严苛、模式化。比如，设置弹性的上下班时间，汇报、会议精简化，谁有事谁汇报。公司对员工的创造力和工作效率要求很高，对一些刻板化程序并不注重。

每个企业都会形成一定的文化氛围，向上表现为企业文化，向下就是管理员工的规则。它无孔不入，隐藏在身边的点滴小事之中：打电话的方式，同事之间的称呼，上下班的时间……对于企业性质、文化，作为员工的我们只能主动适应、积极融入。

了解企业的文化和风格是判定自己是否适合这个企业，在这个企业能干多久的重要因素。一个理想状态是：企业的性格和自己的性格相符，企业的愿景和自己的目标相符。这样，个人与组织才是共同成长的。所以，当你入职一家新的公司时，你一定要尽早地了解以下事项：

企业的使命（定位）

企业的价值观

企业所提倡的

企业所反对的

企业希望员工的行为方式是什么

公司的考勤制度

公司的请假制度

公司的加班制度

当你对以上问题了如指掌后，你就能游刃有余地出入上司办公室了。

02 职场新人最好每日一报

对于职场新人来说，通常，越早学会主动汇报工作，就能越早引起上司的注意，获得晋升的机会。许多新员工正是在汇报工作中脱颖而出，从而快速获得上司的赏识与重用。

某公司新招了一批业务员，入职的那天，行政部给每人发了一个笔记本，并告知新人，公司规定新员工每周都要汇报一次工作，每周五都要写工作总结，上交主管。几乎所有的新员工都撇着嘴，对此表示不屑，唯有小谭欣然以对。

小谭对此非常认真，每天都写工作总结，周五下午还写周总结，随时汇报自己的工作心得，以及在工作中发现的新问题，并且提出自己的建议。所有同事都笑话她小儿科，唯独她对自己的做法深信不疑。

其实开始的时候，她只是出于遵守纪律才这样做，但慢慢地，她也从中获得了诸多好处，最明显的就是她的工作计划性增强，养成了今日事今日毕的习惯，而且上司也经常找她谈话，对于她的建议很是赞同。看着其他新员工羡慕、嫉妒的目光，她虽然有点小担心，但更多的是欣喜，因为她觉得自己的工作得到了上司的肯定。

仅仅六个月，小谭就被委任为组长。而和她同时进来的那批人，大部分都被淘汰了，小部分还在原地踏步，成了她的下属。

假如你是个老员工，有可能觉得每日或每周的汇报妨碍了你的自由，但对于职场新人来说，事事汇报更有利。原因有以下几点：

一、写工作汇报是自我提升的基础

工作汇报是对自己工作的梳理。只有写了工作汇报，才能够了解到自己本日工作的实际情况，才能通过文本方式来理性看待自己的工作方式与技巧，才能从中找到自己的薄弱点，好好弥补加强。因此可以说，只有写了工作汇报，才能真正有目的且持续地提升自己。

二、工作汇报提供了交流工作的平台

工作汇报是向上司进行工作总结的一种最有效的方式。通过文本的交流，可以让上司明确自己正在处理的事务的进展情况，了解自己遇到的困难，从而利于上司对自己的工作进行指导与协调。

三、写工作汇报是自我保护的方法

在职场与工作中,总存在许多矛盾与问题,其中很多问题并不是立刻显现的,而是在日后才出现的。而每日的工作汇报,能保留工作事务的状态,能在日后进行查询与追究,使得你能从不必要的"扯皮"中脱身。因此你今日的工作报告其实是为了更好地保护你自己,更有效地节省你的时间。

四、工作汇报可作为职场生涯的记录

工作汇报最能反映一个人的职场成长经历。每日的点滴记录汇集起来就是你的职场成长轨迹。通过阅读自己或别人的每日工作汇报,能充分了解这个人的性格与能力。只有做好每日工作汇报,当你离开职场、享受人生的时候,才会有一份沉甸甸的人生记录。

既然每日工作汇报如此重要,职场新手应该如何编写工作汇报呢?我认为,KPT是最好的入门技巧。KPT是来自日本的一种工作记录方法,由三部分组成:

Keep:当前你正在做的事务或项目的正常描述;
Problem:你今日所遇到的问题;
Try:你明天准备要尝试的解决方案。

KPT的三个部分组成了一份清晰明了的工作汇报。这样的汇报既能充分体现你当前的工作状态，又能层次分明地向上司传递工作的困难以及你的工作能力。因此KPT在日本，乃至其他地区，都成了工作汇报的基本模板。下面是一个简单的工作汇报样例：

◎ 汇报人：×××

◎ 日期：2024-12-24

◎ K：

根据YYY的反馈意见，完成CKU项目的需求说明书（V3.2）

修改更正MMP项目中的BUG（No.23211212）

开始草拟CKU项目的技术可行性方案

◎ P：

CKU需求中的项目经费超出预算

◎ T：

想找其他公司的类似服务器，看看是否能降低项目经费

03 哪些情况下必须汇报

身在职场,就需要遵守职场的一些生存规则。那么,哪些事情应向上司汇报,哪些不用呢?工作进展到何种程度就应当向上司汇报呢?职场里通用的汇报规则是怎样的呢?看看下面的建议吧。

一、做好工作计划后,立即向上司汇报

做好工作计划后,就应当向上司汇报。这样可以让上司了解计划的内容,提出合理化的建议或意见。而且上司可以审时度势,从大局出发,指出计划的问题所在,提出有益且有效的修改建议,避免你在开展工作后做无用功,费力不讨好。

二、工作进行到一定程度时

工作进行到一定程度时,要保证上司对我们的工作进展、遇到的难题或取得的成果有所了解。这样,上司才会心中有数,或者及时给予我们帮助和支持。不要等到工作结束了，才对上司汇报。如果事情顺利还好，万一事情进展不顺利，这个时候上司就没有时间做出应变，无法采取措施挽回损失，只能眼睁睁地看着。因此，在工作过程中，一定要适时地将工作进展汇报给上司。

三、工作进行过程中出现意外时

当工作进行过程中出现意外时，我们要及时向上司汇报，寻求上司的支持和帮助。因为一般情况下，上司的能力、经验、人脉资源总是比我们更胜一筹，寻求上司帮助胜算更大。

四、需要做出超权限的决策时

这一点做员工的一定要记住，凡是自己权限以外的事情，必须要请示上司。一方面表示我们对上司权威的尊重，另一方面让自己不必承担不必要的责任。很多人会猜测上司的意图，觉得应该没问题，或者根据以往的经验觉得没问题。实际上，这都是靠不住的，如果所做的决定超越权力范围，那么随时随地会让自己陷入尴尬和泥沼之中。最常见的，比如财务方面的问题，关乎钱的事一定不要擅自做主；再如人事方面的，没有这个权力就千万不要说大话，不要做任何承诺。一定要记住说这句话：我请示一下上司，再给您答复。

五、出错了及时汇报

报喜不报忧，这是多数人的通病，特别是在失败是由自己造成的情况下。实际上，碰到这种情况，就更加不能隐瞒，不好的消息越早汇报越有价值，有利于企业及早采取相应的策略，以减少损失。如果延误了时机，就可能铸成无法挽回的大错。知错就改，坦诚沟通，反而会让你因祸得福。

前几年，某市举办国际风筝节，具体负责外事接待工作的干事小张，因为一时疏忽，把几名外国友人的国籍、名字给弄混了，这让前来会见的市长很是难堪。正待被提拔的小张当然意识到错误的严重性，如果处理不好，非但不能得到提拔，恐怕连现在的这个职位也难保住。好在小张研究过心理学，他借着午餐前与市长、外宾接近的机会，主动向他们检讨了自己的错误。外宾们被小张的坦诚态度打动，在市长面前连连称赞小张诚恳且友好；市长也为小张能够在外宾面前及时承认错误、挽回面子而感到高兴，对小张留下了深刻的印象。

两个月后，小张没有被降职，反而顺利被提拔。

六、工作完成后及时汇报

工作完成后，要把工作的整体情况向上司做个汇报。要有重点、有层次地汇报：我们工作中哪些是做得好的，需要继续发扬的；哪些是存在问题，需要改进的，如何改进，等等。

七、全权委托的事也要汇报

有的朋友会诘问：全权委托的事也要汇报吗？要的。在上司已经把事情全权委托给你办的情况下，不仅要和上司仔细讨论各种问题，请示相关情况，还要及时汇报各种相关事宜。

一般情况下，把稍微有些难度的工作交给年轻员工去办，是训练年轻员工最有效的办法。上司在做出各种工作任务布置后，一般会在一边详细观察，这种情况下，你更有必要把事情的前因后果详细地向上司汇报。

04 不要事事汇报，要着重汇报

汇报工作，最忌眉毛胡子一把抓，泛泛而谈。我们每天遇到的信息很多很多，但是并不是所有的信息都要向上司反映，因为上司处在管理阶层，事务繁多，时间上往往比较紧张。他关注的问题也是特定的，这就要求你要善于对信息进行分析、过滤、总结，从中提炼出有价值的信息，并以他喜欢的形式向他汇报。

汇报人员要想在最有限的时间内做出最为有效的汇报，必须牢记以下规则：

一、要以线带面，从抽象到具体

汇报工作要讲究一定的逻辑层次，不可逻辑混乱，避免讲到哪儿算到哪儿。一般来说，汇报要抓住一条线，即本单位工作的整体思路和中心工作；展开一个面，即分头叙述相关工作的做法措施、关键环节、遇到的问题、处置结果、收到的成效等内容。正所谓"若网在纲，有条而不紊"。

二、上司关心啥，咱就汇报啥

在汇报的内容方面，要汇报上司关心的工作。你能力范围内可以处理的陈芝麻烂谷子、程序既定的许多工作，处理了就处理了。事无巨细，统统汇报，也有邀功之嫌。比如负责行政，对完成的车辆派用等汇报也没多少价值，对一些与通常情况下不一样的处理倒是有必要汇报一下。如果因为情况紧急，你用老板的专车去执行其他公务了，这样的事情就有汇报的必要了。

三、亮出自己的"王牌"

毫无重点的汇报会让人觉得凌乱而没有头绪，因此在汇报的时候要直切自己的"王牌"。一般来说，汇报者可以把自己负责的或者情况掌握比较全面的某项工作作为突破口，抓住工作过程和典型实例加以分析、总结和提高。汇报中的这张"王牌"最能反映个人的工作特色。

四、注重结果，上司没工夫听你讲来龙去脉

上司通常都很忙——好吧，或者是看上去很忙。他没时间，也没兴趣听你事无巨细地说整件事情的来龙去脉，他只关注结果。当你找他复命的时候，他只想从你口中听到两种结果，第一种是"行，我漂亮地完成了"；第二种是"不行，但是我想出其他的解决方案了，等您批准"。至于那些不行

的原因，以及你解决问题过程中付出的努力，摸索的过程，他没有耐心听完你的全部细节。所以，你只需要把结果告诉他。比方说你负责文书处理，那么没必要告诉老板，文件目前没打出来是因为墨盒用完了，你得换了新的才能打印，新墨盒没换上是因为采购部比较了性价比之后决定换一个新的牌子，但是买来才发现和旧的牌子相比打印效果不好……你只要告诉他结果：打印的文件在几分钟之内能送到他手里，就可以了。

下面这个故事就是一个值得职场新人学习的例子。

公司开启一个新项目，需要找一位成熟的译者。该项目被分配给了曾帆，因为公司从前没有做过此语种的项目，所以对于曾帆来说，寻找合适的译者也有一定的难度。

刚接到项目时，曾帆和上司进行了一次沟通，了解了公司对于译者的要求，便向上司反馈说："我正好有朋友在语言大学工作，我可以先问问她。"领导表示认可。但恰逢毕业季，老师们比较忙，抽不出时间完成翻译项目。于是曾帆只能另寻他法，逛微博、逛豆瓣，发私信消息，均无回应。有一次逛书店，她碰巧发现了对应语种的译者，并留下了对方的电子邮箱地址。虽然和该译者建立了联系，但是因为对方工作档期排满，还是没有如愿。最后，曾帆想起一位在出版行业工作的老同学，在老同学的推荐下，曾帆找到了合适的译者。

最后去跟上司汇报结果时，曾帆说："我尝试了几种方法，最终在出版从业人员的推荐下，找到了符合公司要求的译者，她曾负责过几个项目，翻译过几本书，您看一下……"上司对曾帆的表现很满意，当即称赞了她。

曾帆适当地表达了自己寻找译者的不容易，但是重点放在了结果上，没有对自己寻找译者的过程进行大量的解释，还将译者的基本资料整理好给上司看。对于这样的员工，上司当然是欣赏的。

05 带着解决方案汇报工作

得知我在写这本书时,很多朋友都来问我:我挺注意汇报工作的,可是每次都被上司痛斥一顿,说我只会给他添乱、找麻烦。

你想知道为什么这些人嘴里的"汇报"反而成了上司眼里的"添乱""找麻烦"吗?那你就要分清"讨教"和"汇报"的区别了。

讨教的公式是:您告诉我该怎么做。

汇报的公式是:我这样做您同意吗?

很多人喜欢向上司讨教工作,而不喜欢向上司汇报工作,这是因为不论我们遇到什么样的问题和困难,都可以用一句"您认为这个问题应该怎么办"来轻松搞定。但这是一个容易惹恼上司且自讨没趣的办法。

《把信送给加西亚》的作者阿尔伯特·哈伯德曾经谈到自己在服役时的一段经历。当时他只有 24 岁,担任驻巴拿马共和国美国南方司令部司令约翰·高尔文将军的特别助理。有一次，高尔文将军委派给他一项任务。几天后，他抱着一大堆问题来找高尔文，就此次任务可能出现的问题统统问了个遍。高尔文将军没有等他说完就不耐烦地厉声吼道："阿尔伯特中尉，如果你想让我来做你的工作，那我要你干什么？你被撤职了，解散！"正当阿尔伯特心烦意乱、不知所措的时候，高尔文将军高声地说道："阿尔伯特中尉！别抛出问题给我。我要的是解决方案。"阿尔伯特这才如梦初醒。

阿尔伯特的经历很有典型性，我们周围有很多这样的人。不管大事小事都要请示、讨教上司，而且只提问题不提方案，上司怎么说，自己怎么做，上司不说，自己就不做或者乱做。

威廉·翁肯和唐纳德·沃斯曾经写过一篇文章《谁背上了猴子》。这篇文章成为《哈佛商业评论》有史以来重印次数最多的两篇文章之一。在这篇文章里，威廉·翁肯和唐纳德·沃斯把猴子比喻为工作，并十分形象地描述了这样一个现象：下属经常以"老板，我们遇到了一个问题。您知道……"的方式，就把本属于自己的工作转移到了上司的手中。原来"猴子"在下属的肩上，现在却跳到了上司的肩上。自己轻松了，却让上司忙活了。

这实际上是把上下级关系颠倒过来了，不是上司在给下属安排工作,而是下属在给上司安排工作。这样的下属不仅对上司无用,反而会给上司带来无谓的麻烦。上司要我们做什么?上司需要我们能够解决存在的问题,而不是仅仅把问题罗列出来。这种自作聪明的做法必然会遭到上司的反感,最终只能是自欺欺人。

在职场上,如何厘清"讨教"和"汇报"的关系呢?有以下建议:

一、能不讨教则不讨教

好的下属必然是讨教少汇报多。首先我们要清楚什么样的事需要讨教,什么样的事不需要。能自己做主的要自己做主,这是一个优秀下属所具备的基本要素。威廉·翁肯和唐纳德·沃斯在《谁背上了猴子》这篇文章中曾经把下属的主动性分为五个层次,其中"自己主动行事,然后定期汇报"是最高层次的主动性。

实际上,有许多工作是我们职责范围内的事,需要我们独立做出决策并组织实施,我们只需要把工作完成后向上司做出汇报而已。主动性高的下属往往讨教少而汇报多,主动性差的下属往往是讨教多而汇报少。

二、至少要有三个方案

好的下属手里往往会有三个解决方案。如果我们需要就某一项工作先行请示，而后再行动，我们必须要有自己的想法和方案，而且至少要有三个方案：最可行的方案，最大胆的方案和最可能失败的方案。而且，对每个方案都要进行利弊分析。当上司征求你的意见时，你要能够提出哪一个方案是可以优先考虑的，哪一个是不得已而为之的。

三、方向要正，方法要奇

好的方案一定是守正出奇的。要体现组织的价值追求，体现上司的目标和要求。不能固执己见，要与上司在方向和目标上保持一致，"守正"是最基本的原则之一。不能上司提出向东，我们却提出向西，与上司的方向和目标背道而驰。

达成目标的方法和途径是可以变的，要有创意，能够有效地解决问题，能够超越上司的期望和要求。我们会发现同一件事有的人做得好，有的人做得不好，为什么呢？关键在于你的方法是不是"出奇"，你有没有别人想不到的方法，也就是俗称的"好点子"。

实际上，上司和下属是一种需要与被需要的关系，作为下属想收获自己被需要的价值感和成就感，就要让自己成为问题的克星，而不是问题的推手。

06 汇报工作要找准时机

为什么同样做一件事情,你去向老板汇报的时候,他的反应是:"这种小事情,你不需要跟我啰唆,自己去做就行了!"而轮到同事则是:"很好,这样的细节都能关注到,想得很细致!"

如果有什么事情没办好,你因为事先没汇报,会被老板骂个狗血淋头:"为什么不请示?自作主张,后果你自己承担!"而换成同事就会变成:"好,就先按照你的想法来试试看!"

遇到这种事情,请先别抱怨老板偏心,先检讨你自己汇报工作的时机对不对。

Lucy,28岁,外企白领。

一年前,Lucy和Lisa同时入职市场部,负责市场推广。一年之后,Lisa已经成了颇受上司赏识的得力助手,而Lucy总觉得自己在扮演着辛辛苦苦还不讨好的"老黄牛"角色。于是,Lucy发出了本节开头的那两段抱怨,觉得老板太难伺候了。但事实呢，真的是老板偏心吗？

仅从Lucy的抱怨来看，Lucy和Lisa汇报工作时对问题的重要性判断，对发生状况之后是否能及时提出建设性意见，没有什么明显能力上的区别。那问题就极有可能出在汇报时和沟通的技巧上。

Lucy说自己的工作态度很认真，当工作中遇到什么突发事件，她会在第一时间找上司汇报，哪怕是已经下班了，上司已经穿上外套一只脚踏出单位大门，她也会把上司拖住。因为她生怕时间晚一点儿会给公司造成进一步的损失，她担当不起。而Lisa则不然，她有时候会和Lucy一样着急，有时候则不温不火，晚一步行事。但无论如何，她看起来总是很冷静的样子。

此外，Lucy通过观察还发现一个有意思的现象：Lisa特别喜欢在上午10点多敲上司办公室的门。

其实说到这里，Lucy的问题已经昭然若揭了——不懂得时机的把握。说话办事，时机很重要。读《论语》全书，"时"字出现十次，除了指"四时"与"某种时候"，主要指"适当的时候"，无论作为名词、动词、副词，皆是如此。像子产"使民以时（在适当的时候役使百姓）"，公叔文子"时然后言（在适当的时候说话）"，孔子"不时不食（不是适当的时候不吃）"等。"时"字并未当成"时常"来用。

汇报工作要注意合适的时机，也是不言而喻的。汇报的时机对了，明明你做错了事，上司也会不存芥蒂，甚至褒奖有加。若是时机不对，明明你劳苦功高，上司也有可能对你不屑一顾。

千万不要忽略 Lucy 提到的"上午 10 点多"，实践证明，上午 10 点多是找上司的最好时间，因为一般这个时候，上司刚处理完手头的重要事务，腾出空来喝杯水、伸伸懒腰，休息一下，心情也相对放松。

下班前后不宜找上司，因为此时上司忙碌了一天，已经身心疲惫，或者还有重要的饭局要参加（对于上司而言，吃饭也是工作）。因此，这个时候找上司，肯定时机不佳，直接影响办事效率。

从某种程度上说，Lucy 的话没错——老板都是难伺候的，跟他汇报，他嫌你烦；不汇报，他又说你自作主张。但要明白，抱怨是没有用的。既然你不是老板，那么你只能去适应工作，调整自己，找到最能适应老板作风的那种汇报工作的时机。这是你的职责，记住：你说话的时机会直接决定你到底会成为 Lisa，还是 Lucy。

不过关于时机的具体把握，这得靠自己摸索，我能告诉你的是：老板心情好的时候就是好时机。至于你的老板什么时候心情好，那得靠你平时观察了。

07 营造良好的汇报氛围,在"黄金时刻"沟通

领导者的心情如何,在很大程度上影响到你和他沟通的成败。聪明的下属,都会找领导心情大好的时候汇报工作。假如领导心情不好,他们会聪明地想办法营造良好的沟通氛围,安抚领导,把领导的心情调理好了,事情就好办多了。

刚刚担任销售经理的李先生,为了能在新岗位上大展身手,他经过市场调查和同行论证,制订了一份扩大销售业务、抢占外地市场的计划书。但实施这份计划,需要比较大的人力、物力和财力投入。

李经理知道,像这样的提案,按照公司当前运营情况来看,恐怕难以通过,要想使计划得以通过,必须讲究策略。

一天,李经理借着总经理出差归来的机会,提出要为他接风洗尘。总经理答应了。李经理特地安排在一家老总从未到过的风味小店就餐,并且带上了参加过市场调查的业务人员。老总吃得很满意,连连夸奖李经理安排得好,既省钱又有特色。李经理看时机已到,就将自己制订的计划书交给老

总看,并用"抬高目标"的方法强调实施这项计划对公司业务发展的重要性;随同的几位业务员,也以市场调查的亲身经历和感受陈述了实施这个计划的必要性。

老总看计划书准备得相当充分,当即表示同意,并答应三天内召开董事会专题研究这项计划。

通常人在氛围良好的场合下心情会很舒畅,很好说话,这大概就是所谓"气场的秘密"吧,可是如何营造良好的沟通氛围呢?下面的几条秘诀很可能会帮助到你。

第一步:先别直奔主题

汇报之前,可先就一些轻松的话题作简单的交谈,比如聊一聊今天的天气,或者和上司简单谈谈最近和行业相关的新闻事件,讲一下自己的看法。这不但是必要的礼节,而且汇报者可借此稳定情绪,理清汇报的大致脉络,打好腹稿,在愉悦的氛围中将话题过渡到工作事件上。这些看似寻常,却很有用处。

第二步:适度地恭维他

人都有被人夸赞的渴望,这也是人性使然。在与领导者交往中,要永远记住,领导者都希望下属佩服他、赞扬他。你要找出领导的优点和长处,在适当的时候给领导诚实而真挚的赞誉。

曾国藩是清朝末期著名的智者和儒将。有一天，曾国藩与幕僚们谈论天下英雄豪杰，他说："彭玉麟与李鸿章均为大才之人，我曾某人有所不及，虽然我可以夸奖自己，但我生平不喜欢这一套。"

一位幕僚逢迎说："你们三位各有特长。彭公威猛，人不敢欺；李公精敏，人不能欺。"

说到这里，说不下去了，因为他不知道如何来赞美他的顶头上司。但曾国藩并不放过他，继续追问"自己如何"？大家都找不到恰当的词语来赞美曾国藩，只好哑然无语。

正沉默之时，一个年轻的下属突然站出来说道："曾帅仁德，人不忍欺！"众人拍手称快。曾国藩十分得意，心中暗想："此人大才，不可埋没。"

不久，曾国藩升任两江总督，提拔那位机敏的年轻下属担任了盐运使这个要职。

只是一句得体的恭维，就可以得到认可和提拔，你为什么不让这样的好事发生在你头上呢？

但是，夸赞领导要掌握好尺度，并且要建立在确切了解对方内心世界的基础之上。

第三步：挑选黄金时刻和他沟通

领导者在工作比较顺利、心情比较轻松的时候，如某些方面取得成功、节日前夕、生日等，会比较容易沟通，这些都是与领导进行沟通的好时机。向他表达祝贺时，就势提出你的问题，通过的概率会大得多。

08 根据上司的心理周期汇报工作

在美国喜剧电影《朝九晚五》中,有这样的场景:三个职场白领每逢星期一就烦闷,需要到咖啡馆喝咖啡提神,而侍者总是这样打招呼:"又犯星期一综合征了?"

不要以为星期一综合征是员工的专利,上司也是人,不是神,和你一样,他的情绪也在波谷波峰间来回颠倒,周而复始,循环不止。

三月份第二周的周三,是June工作两年来最倒霉的日子。公司的竞争对手最近一直在挖公司墙脚,试图把公司的核心客户拉走。公司是做贸易的,没有自己的工厂,靠的就是多年来跟外商和国内工厂的交情。但是公司有一个强大的竞争对手,对方的老板好像多年前与自己公司老板有过节,这些年一直在跟公司恶性竞争,如今更是公开拉拢公司的客户,向公司宣战。

作为市场部负责人,June得知这一动向后几乎是破门而入,想和上司商量对策,可她几乎是被上司"轰"了出来。当时是这样的:一进门,她就发现上司在办公室里踱来踱去，一副焦躁不安的样子，似乎早就知道了这个坏消息，没等她讲完，上司就把她"请"了出去。

后来June跟小姐妹唠叨，姐妹们请她到那家名字叫"感谢上帝，今天星期五"的饭馆吃饭，笑着劝她："别烦了，你没发现吗？上司们每个月总有那么几天不方便。这饭馆的名字不就是根据这现象创造出来的嘛。"

June想了想，还真是这样。

除了极个别心理素质异常好的上司，大部分的上司都会有周期性的情绪表现——与人的生理周期一样。上司情绪的好坏往往也是有迹可循的，呈现出一种周而复始的曲线。下属了解上司这种情绪周期，可以知道在什么时候、什么语境下提出什么意见或沟通什么样的问题是最有效的。

加拿大心理学家、麦吉尔大学教授德比·莫斯考维茨曾做过一个有趣的研究：根据人一周的行为规律，画出一幅一周工作节律图。她认为，人的一周是有规律性的：周一到周五，工作节律大不相同，一周的前半部分，人的精力旺盛，态度和行为比较激进；一周的后半部分，人的精力逐渐下降，却也更易通融。

这样的结果也间接验证了医学界普遍流传着的一种人体循环"七日节律"的说法。古埃及人早在六千多年前就曾有过"七日神力"说，认为生命过程（包括疾病的征兆）有七天重复的周期性。医学上也充分证实了这一规律。在《伤寒论》中,张仲景说过这样一句话:"太阳病,头痛至七日以上而自愈者,以行其经尽故也。"大部分医生认为:在一周的生理周期里,人体组织工作效能会发生明显变化,既表现在体力上,也反映在智力上。一般来说,星期一这天能力最低,表现为精神欠佳,情绪低落,意志消沉,心绪不宁,之后逐渐恢复,精力充沛,体轻手巧,情绪乐观,思维敏捷,到了下个星期一,又转向衰退。

这一规律同样适用于你的上司,你要根据他一周内的生理节律来行事,才能少碰壁。

星期一——工作成堆,非诚勿扰

之前,一项针对职场人群做的调查显示,42%的职场人士不希望自己在星期一被打扰。如果这个时候你去拜访客户或者找老板谈判,往往会碰一鼻子灰,大家都在应付堆积了两天的杂乱的工作,没有人会有心情听你描述某个计划和方案。尤其是在星期一的早晨,可能你的老板正因为股市开盘遭遇"黑色星期一"而恼怒,你的出现只会让他失去理智。

星期二——汇报计划的好时机

经过一天的适应,到了星期二,上司开始进入工作状态。另外,挨过紧张、纷杂的星期一,积压的问题也都处理得差不多了,上司松了口气,开始考虑安排本周的工作计划，有闲心考虑上周下达的指令完成得如何了。从德比·莫斯考维茨教授对人一周行为规律的研究报告看，星期二也是主导性最高的时候。星期二工作效率最高，产出最大。据英国《金融时报》报道，星期二上午 10 点到中午这段时间，人头脑最好使。所以，从各方面说，星期二都是汇报工作的好时机。

星期三——超人总动员，上司心很烦

澳大利亚悉尼大学心理学家查尔斯·阿热力教授最新的研究结果表示，星期三是人们情绪最低点。研究者调查了 350 名受访者后发现：受访者一周七天的中间段更容易对实际问题感到焦虑和担心。

查尔斯·阿热力教授调查显示，星期三接收的信息量多，极易造成信息焦虑。进入人们视线和大脑中的信息越多，心理受到的冲击和负累也越多，致使人感到疲惫和焦虑。所以这一天和上司沟通时千万要注意你的语气，思路要清晰，千万别混乱。

不过，也有好的迹象，据德比·莫斯考维茨教授分析，星期三的精力最旺盛，且思路活跃，最具创造性。多数上司都把这一天当作制定战略、开展"头脑风暴"的最佳时间，也是决策技能最能得到发挥的时候。此时的人都会寻求一种平衡。在处理了两天内部事务之后，人们更希望在星期三和外界作一种交流，以达到平衡。鉴于此，建议大家可在这一天找上司商讨新的企划案。

星期四——"黎明前的黑暗"，上司易妥协

在经过了前三天高效率、高强度的工作后，星期四的时候，上司和你一样已经身心疲惫，生理和心理都受到挑战，星期四成为效率最为低下的一天。有人说，星期四属于"黎明前的黑暗"，就好比熬夜，凌晨四五点往往是最难熬的时候，跨过这道坎，便又海阔天空了。

据德比·莫斯考维茨教授分析，星期四的时候，人的顺从性最高、最好说话、比较通融。所以，你不妨趁着这"黎明前的黑暗"，采取"敌退我进"的战术，这种时候去找上司，他向你妥协也最有可能。

星期五——最奇妙的沟通时机来喽

星期五了，你不妨留意一下，这一天里你完成的工作，在数量、质量上是否比平时都要高？一些在平时看来有些头痛、棘手的事情，在这一天里却比较容易。如果你是个最不情愿加班的人，碰到这天你会不知不觉地干过了点，直到有电话邀请才把你唤醒，你还会惊叹："时间过得真快啊！"

上司也和你一样，今天是他老人家一周心情最好的日子。德比·莫斯考维茨教授发现，星期五这一天参加其研究的人员喜欢进行高风险的投资。

另外，熬到了星期五，人们总希望一周事一周清，一些一周内纠缠不清的事情这个时候来个了断。

所以，星期五是你"纠缠"上司，接近他的最佳时间，最省心。

当然，我们说的只是一般的规律，具体的情形还要你察言观色，灵活掌握。

09 永远不要担心上司没时间听你汇报

很多员工都在抱怨上司根本没有时间搭理他们,导致他们根本找不到和上司沟通的机会。

伙伴们,这个理由不成立。

有一家房地产公司人力资源部的经理向我诉苦:"自从今年三月份以来,我发现员工的工作积极性很差,整个公司内部都弥漫着一种自由散漫的气息,这种状况已经持续两个月了。通过做员工满意度调查,我感觉已经到了非整治不可的地步。其实我已经想好了调整方案,我也要引起管理者的重视。我给老板发了三四次e-mail,打电话问他,发消息给他,他竟然都没有看。约他,他说没有时间。可你看销售部、财务部的人,什么时候去找他,他都有时间,我为什么不行?"

这个问题嘛,还是要在他自己身上找答案。许多事情,执着非常重要,发e-mail、打电话、发消息都没有用,你就多去敲两次门,他总会让你坐下来。他如果说"我只给你五分钟",那么反过来,你能不能在五分钟内把要说的事情很漂亮地说出来，不但说清楚，还要有说服力并引起他的注意。

你听说过"电梯测试"吗？

假设你是名销售，找到了一个潜在的大客户，你打电话给他们，费尽唇舌介绍自己的产品质量好、价格低，可是你苦于没有机会和他们的决策层接触。有一天，你去拜访别的客户，刚跨进电梯，就发现该大客户采购部总经理就站在你身边。电梯会几停几开，总经理到他办公的楼层只要一分钟甚至半分钟时间，你是否有本事让他在出电梯之前说："你刚才说的这东西有点意思，这样，我给你十分钟，来我办公室坐坐。"这就是备受推崇的麦肯锡式"电梯测试"。

"电梯测试"不仅适用于销售人员应对客户，而且是世界众多企业对员工汇报工作的要求。优秀员工在汇报工作时，也要争取通过"电梯测试"——在极短的时间内清楚完整地把你的想法输送到上司的大脑——这是职场升迁的云梯！

请看下面这则员工A、员工B、员工C的故事。

员工A、B、C在一家合资公司做白领，员工A觉得自己满腔抱负没有得到上司的赏识，经常想：如果有一天见到上司，能有机会展示一下自己的才干就好了！

员工B也有同样的想法。但他没有空想，而是去打听上司上下班的时间，算好上司大概会在何时进电梯，他也在这个时候去坐电梯，希望能遇到上司，有机会可以打个招呼。

他们的同事员工C更进一步。他详细了解了上司的奋斗历程，弄清了上司毕业的学校、人际风格、关心的问题，并精心设计了几句简单却有分量的开场白，在算好的时间去乘坐电梯，跟上司打过几次招呼后，终于有一天跟上司长谈了一次，不久就争取到了更好的职位。

在职场上，每个人都想拥有员工C的前程，却一直在用员工A的行为方式做事。行动不改变，结局不可能改变。

再拿前面提到的员工满意度调查举例。人力资源部经理想说服老板做调查，关键其实只要三句话：第一，公司出现员工情绪低落、人员流失严重的情况；第二，我认为现阶段有一种很有效的方法能够调动员工积极性；第三，我已经有了很周密的行动方案，而且基本没有费用。老板听到这三句话会感到："第一，员工情绪低落、人员流失严重的情况的确很严重；第二，你说有办法调动大家的积极性；第三，你已经给我想好了方案，而且不用花太多钱。好吧，赶快告诉我。"

这就是你的"电梯测试"。当你练好了这项测试，你就不愁上司没有时间聆听你伟大的创意了。

10 拿好纸和笔再敲门

作为一名职场人,随身携带什么能更高效?

这个问题其实有很多答案。重视时间的人觉得应该带上手表;销售大概会觉得带上名片最重要;财务工作者也许会觉得没什么比计算器更重要。但事实上,无论你从事的工作内容是什么,都至少应该拿上一支笔和一张纸。这两样东西可以在任何情境中发挥作用,尤其是在见上司的时候,不仅能让工作变得快捷又高效,还能美化你在上司心目中的形象。

我曾先后跨行业、跨部门供职于多家单位,经历过很多的老板、上司,也算是阅人无数吧。他们的性格各不相同,但在一件事上却出奇地一致,那就是他们都讨厌不带纸笔的员工。

曾经,我就是他们共同讨厌的一员。

初入职场,我是个粗枝大叶的姑娘,每次上司召见,我总是慌慌张张地进去,每次都被上司训话,客气点的会含蓄地讽刺我"你脑袋挺好使啊,连纸和笔都不带,就来了";不客气的就让人难以接受了,直接说"你就这样两只胳膊扛着脑袋进来了?挺轻松啊,干脆你坐我的位置得了"。

开会的时候,同事们都正襟危坐,拿着纸笔写写记记,只有我两手空空,一身轻松。其实那些写写画画的人大多都是左耳听右耳冒,并没有记下什么。我的脑袋瓜子也确实好使,上司说什么我都记在了心里。可是每次我都被点名批评,说我态度不端正,开会不认真。

到后来我就长记性了,每次被上司召见,都会拿上纸和笔再去。但即使是这样,也做得不够。

我曾经在杂志社工作过,杂志社的社长是个要求很严格的人,还特别喜欢召见员工。有一次,我刚从厕所出来,恰好遇见了他,就被传唤了。我径直跟着他进了办公室,在我关上门的那一刻,他说:"谁让你这样进来的?"我一脸茫然,丝毫没有意识到他这句话中的讽刺,支支吾吾地说:"不是您刚叫我吗?"他非常严厉地说:"我是叫你来,但没叫你这样来。"他把话说到这份上,我才知道又是纸笔惹的祸,灰溜溜地回去取。从那以后,纸和笔我基本随身携带,如果忘记带,即便是天大的事我也一定要取了纸笔再见上司。

"带好纸笔再进上司办公室",这是我最刻骨铭心的职场体验。

你可能会说,一张纸和一支笔的分量真有这么重要吗?

这是毫无疑问的。我们都知道，带着它们，或许根本用不到，根本写不了几个字。但在职场上，有时候形式、态度比内容还要重要；你的做派比你具体在做什么更重要。我可以告诉你带上纸笔再去见上司的一万个理由：

一、真的有用

上司找你，必定是有事，不是和你闲聊。带好纸笔，以备有事项需要记录。不管科技已经进步到什么地步，不管工作设备多么智能，最好还是遵从"好记性不如烂笔头"的老话，拿出小本子随手记下有用的细节、上司的指示，以及你瞬间迸发的灵感和创意，好点子总是稍纵即逝的。

二、这是最基本的职场礼仪

带着纸笔见上司是最基本的职场礼仪，很多公司的规章制度上都写着这一条。新员工的培训会上，培训老师也都教我们这么做。你什么都不带，就是不懂礼貌，就是不守规矩。

三、显得你态度认真

没错，纸笔在手，这是形式主义，但谁能肯定地说我们的态度不需要借助外在的行为来表达呢？正像金钱不失为表达爱情的一种形式一样，拿纸笔也不失为表达态度的一种手段。从外在体现上，纸笔代表着服从的态度。形式会让内容更庄重，更正式，你正儿八经地进去，这是态度端正，否则会让上司觉得你游手好闲。

四、显得你尊敬上司

上司是用来尊敬的，不是用来冒犯的。上司夸夸其谈、唾沫星子乱飞地跟你讲话，你却不动声色，不拿出点动作来回敬，这说不过去。

所以，纸笔可以是你记录内容的工具，也能是你作秀的道具，但这个道具相当重要。再不济，还可以随手涂鸦打发无聊的时间呢。

最靠谱的做法是：和老板谈话并不意味着你必须时刻盯着他的眼睛表示礼貌和倾听，你应该随时记录老板的指示，并且展现自己的思虑周详。

从便携的角度考虑，你不必像古代文人那样随身携带笔墨纸砚那么一大堆东西，甚至不用担心笔记本太厚重、墨水会弄脏衣服，因为有很多办法可以让你轻松携带纸和笔：

· 小巧的商务记事本　非常适合随身携带，而且脊背处还有供你插笔的小袋子。

· 使用小线圈本　那些线圈可以把笔固定住，避免纸笔分离。

·名片夹　能放上好几张便签，还有空隙放下小巧的签字笔。

随身携带纸笔不仅能充分提高工作效率，而且能最大限度地保证工作质量，减少错误、遗漏的发生。

11 图表比文字更具有说服力

在准备公司的讨论大会或与人谈判所需的资料时，你习惯以怎样的方式准备？

A.言简意赅地把主要内容整理出来。
B.用图表和简单的文字展现核心内容。

研究表明：图表是沟通的利器，一张简明的图表比千百句言语更能清楚地表明你的思想和意图，让纷繁复杂的言语变得简洁明了，更有说服力。

麦肯锡透露，图表和演示是麦肯锡公司独步天下数十年的工具，它能让所有问题化繁为简。麦肯锡图表和演示也以其独有的简洁和精确成为世界 500 强公司和著名商学院必学的技能——花最少的时间，以最能冲击视觉的方法直击问题要害。简洁的图表胜过复杂的数据，尤其是在报告或展示数据时。

每月第三个星期一的上午 9 点，是 R 公司指导委员会的例会时间，以调整每个月余下时间的行动安排。一次，主席要求一位被快速提拔上来的年轻经理——瑞恩，准备一份目前行业内现状和公司业绩的报告，以便确定新的投资方式。主席的决定让那些资历较深的经理们有些惊讶，公司委员一个个都是经验老到的人，一个年纪轻轻、资历尚浅的人怎么会让他们满意？

  瑞恩接到主席的安排后，对业内现状和公司业绩做了很多调查和研究，获得了很多宝贵的资料。他高兴的同时也发起了愁——几十页的资料要怎么样才能精简压缩成短短的几页呢？突然，他想到了前些天在朋友那里看到的PPT图表软件程序——一张图表可以省却千字。于是，他立即决定在陈述内容的主线上下功夫，用一系列图表代替烦琐的文字内容。就像目前在职场中的大多数人一样，瑞恩深刻地意识到，图表这种重要的诉说方式，能够让我们的交流变得更加高效和清晰。

  初次做完图表后，瑞恩向朋友演示了一遍，发现图表虽然简单，但解说时的文字很多。朋友给他指点迷津，让他在每一个图表的小问题中再做一个复框，以作简略的解释。

  经过几天的准备，每月一次的委员大会开始了。委员们看到桌上仅仅几页纸的图表，都露出了惊讶及轻蔑的神情，纷纷小声嘀咕"怎么就那么点资料？他有没有做准备啊"；只有主席依然面带微笑，对瑞恩的能力深信不疑，相信他会给大家一个惊喜,甚至会带来一场报告"革命"。

瑞恩感受到了来自主席的鼓励,更加有信心,开始了他在公司的第一次报告:"女士们、先生们,早上好!下面我先向大家展示目前我们行业内的发展现状,请看大屏幕。"

接着,大屏幕上出现了一个个图表,瑞恩依次点开,每一个小标题都附带简略的解释复框,多达几十页的内容就这样被浓缩到了几个图表里。在图像中,投资回报率上下波动、市场份额在逐渐增长……不需要发言者做太多补充,与会的人就能从中读出所有信息。

委员们感到惊奇新鲜、大开眼界,被这"栩栩如生"的图表给震撼了。

两个多小时后,委员大会结束了,委员们一个个精神抖擞,再也没有以往开会时的无精打采。委员们的态度也有了一百八十度的大转变,开始对瑞恩刮目相看。自此,公司的委员大会再也没出现过资料堆积的情况。

的确,烦琐的资料不仅让人眼睛疲劳,还会让人心烦气躁。图表言简意赅——一张图表可以省却千字,让我们不必忍受长篇大论,帮我们扫除琐碎冗长、事倍功半的视觉垃圾。只要像瑞恩那样,很好地构思和设计图表,就能让人对所有的信息"一目了然"。

目前,在各大公司,小则公司的构架关系,大则公司未来的发展前景,都善用PPT图表代替那些繁杂的文字语言。

在营销、调研、财务、企划、咨询等多种商业活动中，我们常常要使用令人信服、有影响力的图表，简洁、准确、高效地表达自己的信息和数据。不管图表是在哪里使用，都要力求引起对方的注意，使对方准确无误地理解我们的意图。

然而，如何形象、直观地用图表去阐述所要表达的内容才是制作图表的关键。

图表作为一种重要的诉说形式，与其他任何语言一样，越简单越好。图表中提供的信息有力地支持了标题，而标题反过来又补充了图表所论述的内容。制作图表时，我们要注意，不用把它做得很绚丽，而是要简约、清晰，让人一目了然。

在报告中，使用的图表也不宜过多，用的图表越多，记住它的人反而会越少。心理学家研究表明：在一个报告中只使用 3～5 个图表，会吸引听众百分百的注意力；若连续使用 20 个图表，可能你的听众记不住其中的任何一个。

除此之外，还要特别注意图形的使用，表达未来发展趋势或公司业绩额的走向时宜用折线图；陈述各月份或各年度的梯度量时宜用柱形图；表明各部分的百分比时宜用饼状图。单纯表述数据时，表格效果会更好。

12 不要说模糊性语言

当上司问你何时能完成那份PPT的时候,你觉得怎样的回答更能让上司满意?

A.明天吧,应该可以完成。
B.明天中午12点之前。

不要把"好像""有人会……""大概""晚些时候""或者""说不定"之类的词汇、短语放在嘴边,尤其是在和上司谈论工作的时候。这样的闪烁之词会让上司变得不耐烦。

在上司的心目中,模糊性语言代表着一种极不严谨、极不负责的工作态度,如果报告时态度不严谨,在谈到相关事实时总是以一些模糊的话语——如"可能是""应该会"等——来描述或推测,就会误导上司,不利于上司做出有利且正确的决策。同时也会让他感觉你在含糊其词,并不准备对自己说的话负责。

在说服别人的过程中,具体的数字永远比含混不清的文字更震撼，更有说服力。

英国一名专家曾做过调查：当你请别人帮忙做事时，说"请你在明天之前把这件事情处理一下"和说"请你在明天上午11点之前完成"，所取得的成效是不一样的。前者是一种模糊的请求方式，78%的被调查者认为事情不是很急；后者给人一种紧张的感觉，90%的被调查者感觉时间紧迫，事情紧急。这就是数字带给你的震撼。

大多数人在日常生活和工作中习惯用数字表示一个人的健康程度、一个人的工作效率、一个企业的执行力……数字以它特有的魅力影响着我们的生活和工作。

然而，大多数人已习惯用约整数，而忘记了具体的数字更能让人信服，更具诉说力。尤其在工作中，要尽可能地使用准确的数字，这能增强你言语的诉说力，是你签合同的关键。

在职场上，小小的数字真的有那么大的魔力吗？

Linda是公司的部门经理，她的每一个企业规划及新的产品构思都能顺利通过，每一次的工作总结都简洁明了，每一次代表公司的谈判都能取得合作公司的赞许而顺利签约。她是公司骨干，是职场精英，她的秘诀在哪里呢？

在一次给新进员工做培训时，Linda向新进职员传授了自己的成功经验：用具体的数字说话。每一次的总结、构思和谈判她都认真总结，且最大的特点就是用数字把每一个细节和想要达到的目标体现出来，给阅读者以视觉、心灵的冲击。

  一个国际知名企业在美国阿拉斯加州招标时，加州的许多大企业都去参加竞标，每一家公司都很有实力，竞争十分激烈。在参加竞标时，Linda带领她的团队，不仅列出了真实展现未来发展前景的图表，更是用一个个具体的数字震撼了招标厂商，从而赢得了全场的喝彩，夺得了标的。

  同样，当你在工作总结大会上说出你的工作总量和预设构想时，具体的数字表达会让你更胜一筹，成为你赢得胜利的砝码。

13 读懂上司的肢体语言

在职场中，工作努力不一定能得到上司的认可；计划书资料详尽也不一定能吸引领导；好心好意却可能反被领导误会，不知不觉领导对自己疏远了……出现以上的种种问题，有时候是因为你读不懂上司的肢体语言，并不是你工作能力不够。

采购部门老张所在的企业要与一家外资企业进行合作，这天老板带着他和几位同事与外企代表吃饭，但老板最近身体偶遇风寒，喝那么多酒恐怕招架不住。三杯酒下肚，老板向老张递了个眼色，又冲着自己的酒杯点点头，示意他代为喝酒。老张自以为是老板鼓励自己喝酒，他拿起酒杯一仰头一杯酒下肚，连声说"谢谢老板"。

老板看见老张一时半会儿领会不到自己的意思，就向左边的办公室主任小李看了一眼，小李心领神会，立马站起来频频向外方代表敬酒，小李的主动出击化解了老板的尴尬，不断活跃着气氛，大家越聊越热烈，合作的概率大大增加了。可是坐在老板右边的老张却丝毫没有察觉，上一道菜就品尝一道。

送走外企代表后，大家准备回去，老板在离去时又扫视老张、小李及诸陪同一遍。看小李的眼神充满了笑意，而看老张的眼神则多了几分"深意"。

半年后小李成了采购经理，而老张则降了半级成了小李的副手。

想在老板面前展现睿智一面，你要比他棋快一招——比他更懂他的身体语言！其实老板每个不经意的小动作，都在给你暗示。

点头、摇头、耸肩、摆手、扬眉、噘嘴，当你和老板面对面，他的每个动作和表情都含义无穷。一个无心的眼神，可能意味着老板想提前结束谈话，这时你恰到好处地借口离开，他会觉得你格外贴心；一个不经意的皱眉，或许暗示老板对你的所为略感不满，你立刻改变工作模式，他会觉得你充满灵性……读懂老板微妙的身体语言，你就能在职场出奇制胜！

尖塔式手势——老板自信满满

当老板两只手的指尖轻轻相碰，形成尖塔式手势，放在嘴上或颔下，这代表他对眼前的事很自信。这是上级指导下级，或律师面对客户时的招牌动作。身体语言研究者发现，三成以上的老板，在和员工进行私人谈话时，都以"尖塔式"作为开场动作。

老板的潜台词:"我是老板,你得听我说,最好别插嘴。"

你该这么做:尖塔式手势原本是早期的祈祷手势,做这个动作的人在潜意识中,想让自己看起来更像万能的上帝。面对老板,千万不要以尖塔式手势回应他,这只会让对方觉得你自鸣得意、狂妄自大。这时最好微笑、点头,频频附和老板说的话,以示你与老板站在同一立场。

上身斜倾——老板在等你说话
当老板一边说话一边将身体往一侧倾斜,另一只手向前平摊,手心朝上放在桌面上,语速还会减慢,双眼直视你的嘴唇或眼睛。这说明老板在等待,此时他说什么并不重要,重要的是他在用身体语言告诉你,该轮到你说话了。

老板的潜台词:"我要告一段落了,别光听,请发表高见。"

你该这么做:既然老板做出这个动作,说明他有足够的耐心倾听。如果你有不同意见,这时提出最好。和老板说话前一定要打好腹稿,把自认为最精彩的言论放在这时说,老板会格外重视。

轻轻擦掌或频繁点头——老板赞同你的观点

研究显示，如果是男老板，与下属谈话时碰到感兴趣的问题，或对你的意见表示赞同，他会轻轻对搓双手，这种动作在推销员和客户之间也常见。如果你眼前的推销员做了这个动作，说明他对这笔交易很满意，他才是最大受益人。而女老板，尤其是年轻女老板，表达赞同的方式则是频繁点头，示意她对你的建议非常满意。

老板的潜台词："很精彩，继续说，别停。"

你该这么做：有意放慢语速，斟酌自己的用词。老板这么做，是对你工作的肯定，但这只是第一步。如果你得意忘形，在接下来的谈话中夸夸其谈，反而给老板留下办事不牢靠的印象，这时最重要的是保持谦和态度。

用手摸耳朵——老板对你的话表示怀疑

当脏字不小心脱口而出，孩子往往马上用手捂住自己的嘴，听到父母责骂时就迅速捂住耳朵，这种习惯跟随孩子长到成年。当老板对你的话表示怀疑时，不会当场提出，却会不由自主地用手摸耳朵，或靠近耳朵的颧骨和脸颊，有时眼睛还会漫不经心地往桌上看。毕竟听下属汇报不确定消息，不是什么愉快的事，他这么做是试图分散瞬间的不快。

老板的潜台词："真的吗？我怎么没听说？"

你该这么做：首先想想，你汇报的消息是不是完全准确，如果你不太肯定，最好迅速转换话题，或在陈述末尾加一句："这个问题我还要再想想，回头汇报。"但如果你能保证消息准确性，可以在陈述同时，十指交叉，摆在桌上。这是表达自信的动作，但要记得面带微笑，否则老板会觉得这个动作给他压力。

手指托住下巴——老板对你的话不耐烦

当老板竖起食指，挨着脸颊，把大拇指抵在下巴上，千万别误以为他正在思考你的话，这其实表示他对你的话开始厌倦。如果你仍滔滔不绝，听者可能还会用食指摩擦眼睛，这种姿势常被误读为——对方听入迷了，但其实是人体在厌倦时的自然反应。这意味着，如果你再说下去，老板说不定会睡着。

老板的潜台词："我的时间很宝贵，我们的谈话时间太长了。"

你该这么做：如果你手里有文件，最好把它递给老板，巧妙地让老板改变姿势，他的态度也会随之改变。更重要的是，迅速想想今天的谈话重点，把没说的赶快说出来，加快语速，让老板明白，你正为缩短谈话时间而努力。

双臂环抱，身体靠后——老板希望你结束谈话

双臂环抱是一种保护性姿势。当老板双臂环抱时，说明他在潜意识中抵触眼前的人；而身体靠后意味着老板刻意与你拉开距离，意味着他想结束本次谈话。

老板的潜台词："我已经烦了，你赶快走吧。"

你该这么做：无论说没说完，都要在最短时间里结束本次谈话。千万别试图用最后几秒说清自己的观点，老板的时间有限，还是下次说比较好。这时你也可以把身体往后仰，让老板看出你没有久留的意思。另外，这时不要再提重要观点，因为即使说了，老板也不会在意。

最后还要交代诸位，从肢体语言来判断对方的意图与思想时，要根据之前或之后一系列的场景和对方的反应加以参考，以免与其真实想法背道而驰。

14 不要越级汇报

越级汇报一直被公认为不可踩踏的职场雷区。越级汇报容易得罪上司，给上司的上司——大老板留下坏印象，也会降低自己在同事中的印象分。这样说来，越级汇报还真有点"罪不可恕"的意味。无论你是在特定情况下出于对公司、团队的利益考虑，还是出于对自己能力的捍卫，越级汇报的行为都太冒险。

我的朋友黄梅就有过这样的经历。那会儿，她在一家杂志社做编辑，为了显示自己的能力、证明自己的才华，她力图让自己在上司那里有所表现，期待着别人对她刮目相看。

于是，她拼命地约稿写稿，争取作者，编辑出质量上乘的作品。她也的确得到了一些回报，拿最高的编辑费，不菲的奖金，还如愿跻身中层。

但是，黄梅仍旧认为她的能力没有完全发挥——不是她不愿意发挥，而是上司对她有所压制。她不止一次提出对刊物的改进措施，连详细方案都递到了上司的案头。上司对她一番表扬后，却没有下文。令黄梅郁闷的是，在杂志社员工大会上，社长肯定了上司的方案，肯定了上司作为管理者的态度与成绩，却只字未提黄梅。黄梅很愤愤：那个方案可是自己写的啊。

不过，会后上司马上找到黄梅，告诉她说，他将方案给社长时，明确提到是黄梅的点子，但社长可能忘了，把功劳记他头上了，回头他再去跟社长说一声。

黄梅虽然心里不爽，但还是很知趣地对上司表态："我也是在您的领导下做出的成绩，没有您的领导，我也没那个能耐啊！"上司笑了，黄梅也笑了，却是勉强的笑。

有了前车之鉴，黄梅觉得她应该把很好的创意和策划案直接呈到社长那里去，这样就没有人跟她争功，也会让社长觉得她是个可造之才，说不定会重用她。下午上班，她就把建议创办时尚新刊的策划书递交给社长，社长对她的敬业精神予以了肯定和表扬，同时要她坐下来，谈了一下部门的工作，也谈到了她的上司，谈到了部门存在的问题。社长一边记着笔记，一边若有所思。直到社长说还有事情要出去，黄梅才从社长办公室出来。

黄梅很兴奋，心想："自己在社长心中应该多一点分量了。"但不承想，等她回到办公室，屁股还没有落座，上司就召见她了。上司问她："去社长那里干什么了？是谈工作还是私事？"显然，是社长告诉了上司黄梅去找他的动向。

黄梅知道瞒不过了，就如实相告。上司说："我上次确实告诉过社长是你策划的方案,我跟你说过了,你这次是不是怕我再抢你的功,就直接去社长那里了?"黄梅一时语塞。

接下来,黄梅在部门的处境非常糟糕,同事不一定知道内情,但同事相信上司的话,说是黄梅常去社长那里打小报告。黄梅觉得委屈,但是无处诉说。直到她的中层位置不保,被票选拉下来时,才发现自己越过上司找高层的后果是多么不划算。

这个案例已经充分说明越级汇报的危险系数是多么高。其实只要是越级汇报,无论你谈什么,只要不是上司的上司召你去的,你都处在危险中。上司会觉得你把他当小人了,而上司的上司虽然可能真赏识你的才华,但在你转身的那一刻,他也会想到你有野心。身居高位的人,都会提防任何一个有野心的人。

另外,越级汇报会使上司之间产生误解。上司之间有着难以言说、错综复杂的关系与矛盾,也许是工作上的,也许是生活上的。当你不按正常的规则与程序选择越级汇报时,上司会觉得你看不起他,不信任他。

最后,越级汇报还会让不明真相的人把你当小人一样看待。就像黄梅的同事那样,为避嫌,他们会疏远越级汇报的人。或者认为你是个拍马屁的势利之人,而且拍马屁还嫌自己的直接上司不值得拍,居然拍到上司的上司那里去了。这不是明摆着给上司难堪吗？

如此下来，越级汇报的连锁反应是，你将得不到任何群众基础，如果上司的上司很正直，的确很爱护人才，那是你的幸运。但更多时候，他未必会认为一个不尊重直属上司的人，会实实在在地尊重他。何况，在大多数情况下，上司的上司即使从你这里得到不利于你上司的"情报"，也不会因此而做出什么大动作，那可是上层内部的秘密。但你的处境可就危险了，毕竟你的个人发展与前途还掌握在你的直属上司手里。

所以，越级汇报这步险棋走不得，这就好像是自己跳崖，生还的概率基本为零！

15 巧用电子邮件和微信

关于汇报的手段，各家公司、各个老板的喜好都有所不同，有的喜欢每日一封格式固定的 daily report 邮件，有人喜欢用各种直观易懂的PPT，有人喜欢一日八百通夺命连环call……具体方式只能靠你摸索，但有一个原则必须谨记：越是重要的事情，越是要通过多种手段同时汇报，务必保证老板及时接收到你所汇报的内容，同时也留下了立此存照的证据。

这里我们主要介绍一下最常用的电子邮件和微信。

职场中可别小看了电子邮件和微信的功能，简单的几个字里面大有玄机。你所写的每一个字，都有可能成为之后的"沟通、对接法庭"中的证词。若想打好职场升级战，要先把规则研究透。学好规则，善用职场法宝，做个职场牛人是不难的。

巧用邮件

一、不要越级发邮件

在电视剧《杜拉拉升职记》中,杜拉拉对直接上司玫瑰有看法,跟平级的王蔷讨论,结果王蔷已经直接给玫瑰的上司李斯特发了告状的e-mail,而李斯特的做法则是把e-mail原封不动地转发给玫瑰。显然,李斯特的转发表明了自己的态度。王蔷的结局丝毫不令人意外:很快就被玫瑰开除了。

之所以把这条放在头一位,是因为我想再强调一下,不要越级汇报,任何形式的都不行。

二、保留好发送e-mail的证据

有时候e-mail可能因网络问题不能按时送达,也可能不小心被收件者删掉了,或者收件者根本就是故意说没收到,怎么办?在发e-mail时给自己抄送一份,或者保留在发件箱里。

同样,其他人发给你的工作e-mail也要保留三个月以上再考虑永久删除,以备发生问题时"对质"。

三、不要忘记e-mail的正确收发时间

同一个e-mail,早10分钟发送和晚10分钟发送,结果可能会大不一样。你可以把手机的e-mail收发设置上声音,

像短信一样提醒；对于需要在确定的时间点发送出去的重要e-mail，可以在手机的备忘录中将其记录下来，一到时间就会提醒你。老板可以说没有看到e-mail，但你不能说你没有发。动一动手指就可以帮你省掉无数的误会、责备。

巧用微信

一、与上司约时间、简单沟通

当我们有事需要询问上司的意见，可以给上司发微信，简单说明一下情况，然后询问上司什么时候有空。上司看到后，会根据自己的时间安排，告诉你"今天下午"，或者是"明天上午""下周二下午三点"……如果时间不是定在当天，在约定时间前记得适当提醒一下上司。

对于有些复杂问题，可以在微信上跟上司先简单沟通一下，让上司了解一下基本情况，给他时间考虑一下。等你正式当面和上司沟通时，想必会沟通得更顺畅。

二、对于重要决定、数据，可借用微信进行实质性确认

当面沟通并确认的效果肯定是好的，但也不要忘了，借用微信进行总结与确认，也是非常有必要的。"记录"是微信的重要功能。有些时候，上司做了一个决策后，可能会有新的决策，或者忘了自己曾经的想法和说过的话，这个时

候，找出记录就很有必要了。

或者有时候，当你需要和同事针对某件事进行对接、合作，但同事并不配合：不讨论、不回复、不行动。如果你与他的沟通全程都记录在微信上了，那当上司询问时，你也有维护自己的武器。

三、微信记录不要轻易删除

涉及工作的微信记录，是不宜删除的。可能你突然需要某个文件，可以在微信记录里面找；可能你需要对已经完成的任务进行复盘，微信记录便是你可以参考的内容；如果你和他人合作、对接的工作出现错误，微信记录可以让上司更清晰地追责。

最后有一点要记住，不论是电子邮件，还是微信，都不能让它们彻底代替电话。很多人都有这样的感觉：习惯了用e-mail、微信后，发现自己能不打电话就尽量避免打电话，因为"怕人家烦"，尤其是需要道歉、澄清、辞职、砍价时。这背后的事实是：我们的口头沟通能力下降了，我们感觉已经无法面对电话中的客户、老板或同事了。这样不行！必要时拿起手机拨过去，用礼貌、清晰、抑扬顿挫的语言跟对方沟通，让对方充分感受到你声音的魅力并被打动吧。

★ 第3章

进阶技巧

01 就汇报工作而言,一分钟足够

就汇报工作而言,五分钟都显得多余,一分钟就足够。

你一定不信,那就看看下面这个中层领导在五分钟内都说了些什么吧。

某公司周五的总结会上,领导让企划部主管说一说本周的工作总结。被领导点名,企划部主管既激动又紧张。他用了二十秒的时间调整了情绪,又看了看诸位领导的脸色,然后开始发言。他觉得需要先表达一下领导的青睐和厚爱,于是说:"感谢领导对我们企划部的关心,万一我总结得不够全面,还请领导和同事们海涵……过去的一周我们每个人都很辛苦,尤其是……"他嗯嗯啊啊地挨个表扬了下属,两分钟过去了。这时候他才开始总结部门的工作进展,用了不到一秒钟的时间,一言带过:"海南的那个案子进展得不太顺利,客户的诉求总是变来变去……"接下来他开始详细地描述海南客户是怎么来回变动诉求的,其中充斥了大量的抱怨之词。这个过程用了五分钟,最后被领导打断,他才停下来。

这是非常常见的公司总结会。

可见，客套、口头禅、抱怨占据了整个发言时间的三分之二还多，真正有价值的言论寥寥无几。

其实这个汇报，一分钟足矣。拿上面这个例子来说，企划部主管可以这样汇报："海南的案子是我们本周的重点。海南客户的特点是易变，我们部门齐心协力，派亲和力最强的小张和客户直接对接，让比较有浪漫色彩的小苏负责文案。现在客户比较满意，如您有兴趣，我可以在会后把文案交给您的助理。"

这个过程，有一分钟就够了。

一分钟，一般人觉得很短。但是对汇报高手来说，一分钟其实相当漫长。一分钟能放进许多重要的内容。可是许多人总是白白地浪费了。

一般人如果有三分钟，会用这三分钟来思考一分钟的说话内容，也就是把时间稀释成三倍。可是，有了三分钟的时间，就应该准备三倍分量的一分钟话题才对，不是吗？

然而，和上面那位主管一样，我平时接触到的职场人士，绝大多数都缺乏这种"密度感"。几乎所有人都认为，一分钟就是很短，甚至不够开场白。比方说，大家说起话来前言都很长。大部分人发言时通常会先谦逊一下，例如"谢谢主任给我这个机会"或许我讲得不对，请大家多多包涵""在这短短的一分钟里，真不知道该说些什么"之类的。

不然就是先营造一点轻松的氛围，洒了一堆笑点却一直没有进入主题。我可以了解想铺陈的心情，但是时间上并不适合。因为开场白如果铺陈了三十秒，那正题也就只能说三十秒了。

我之所以这么坚持一分钟，是有科学依据的。日本沟通大师斋藤孝通过研究发现，一分钟的长度比较容易感受。他做了一个实验：给大学生一项任务，要他们在一分钟之内完成，但是才过了三十秒，考官就说"时间到"，结果学生们抱怨："还不到一分钟啊！"在四十五秒的时候说"时间到"，学生会觉得"时间是不是短了点儿"。要是拖到一分二十秒的时候才结束，就会有人说"这一分钟好长啊"。也就是说，大家其实已经具有一分钟的时间长度感了。

但是，一旦把时间延长到三分钟，在经过两分钟之后，大家就搞不清楚时间了。交谈的时候会更明显，通常一定要有人说"三分钟到了"，自己才会意识到。而且让学生进行三分钟的演说，也没人能刚好用三分钟说完。

于是他总结：大多数人都是用前面一两分钟说废话拖时间，差不多过了三分钟才打算进入正题，所以很多人结束话题都要花上五六分钟。时间的感觉，就是这么容易流失。

所以，这位沟通大师建议我们，要想提高自己汇报工作的能力，就要训练自己，彻底提升一分钟的密度。用训练让身体记住高密度的感觉。有了高密度感，再把时间延长到两分钟至三分钟，资讯量就会相当庞大。

当然，人类的谈话内容并非全都是重要资讯，有时候也要调整气氛，炒热场子，引起对方的兴趣，并不是只要密度高就好。但是我认为，语言既然是沟通工具，现代人多少都应该学习密度感，提高自己讲话的效能。告别废话，告别浮空。

02 戴好面具，把自己乔装成"中性人"

Kimi家里来了一个他不喜欢的小朋友，还不小心把他的玩具弄坏了。Kimi很不高兴，拒绝和小朋友继续玩下去。当小朋友要走的时候，Kimi粗鲁地说："你快走吧，以后不要来了。我不喜欢你！"

小朋友刚走，Kimi的妈妈就训斥他不懂礼貌，Kimi感到很委屈："我就是不喜欢他呀！为什么还要装作喜欢他的样子？"

在小孩子的世界里，他们会说出内心的真实感受，因为他们的世界很简单，不懂得那么复杂的人际关系，也不会掩饰自己的情绪。可是在职场，如果你也像小孩子一样喜怒哀乐尽形于色，你的处境就很堪忧了。

一旦你走出校园，步入职场，你的人际关系范围就逐渐扩大。有些人并不是你不想跟他们"玩"，就可以不跟他们"玩"的；也不是你想跟他们"玩"，他们就愿意陪你"玩"的。而且，"玩"的时候，你还得好好"玩"，即使不想"玩"，也得用灿烂的表情告诉对方你"玩"得很嗨。

按说，表情、神态，你的喜怒哀乐，这根本不是技术上的事，是情绪上的事。可是在办公室里，除了喝水、上厕所是你个人的私事，其他事都可以是影响你职场浮沉的公事。尤其是在上司面前，你的一颦一笑，甚至一个不经意的动作，都会影响他对你的判断，在这种情况下，你还敢说表情是情绪上的小事吗？

"有时候我不喜欢一个人，就不想跟他说话，让人一眼就能看出我的不高兴！我把什么表情都挂在脸上了。我不想这样，可又控制不了，我该怎么办？"

这是很多年轻人为人处世时所面临的矛盾。

小李是一个嘴里藏不住话、脸上藏不住事的人。他在一家广告公司做设计。公司只有三个设计人员，而他们的设计总监是市场总监兼任的，所以对专业上的事情不太懂。

总监总是站在市场的角度去想问题，追求市场评价，而小李在设计方案的时候首先考虑的是艺术上的完美，因此两人经常意见不一致。

有一次，小李应总监的要求设计了一个室外广告图案，完成后他拿给总监过目，总监看了直摇头，说没有冲击力，没有感觉。小李马上就在他背后露出鄙夷的目光。这时，总监突然转过头，跟小李的目光撞了个正着，仿佛听到小李在说:"你什么都不懂,就知道瞎说!"

总监看到小李对自己露出轻蔑的神情,马上对小李说:"怎么?我说得不对吗?"

"没有啊!"小李赶紧掩饰。

"那你这么看着我干什么?"其实总监也知道,自己在设计方面可能没有小李那么专业,但是他绝不能容忍自己的下属轻视自己的能力,看不起自己。

后来,总监也不给小李好脸色看,工作上故意为难他。没过多久,他就以小李做事不贴近市场为由,在老板面前告了小李一状。于是,小李就被开除了。

很多年轻人,心里藏不住事,让人一眼就能看透,人们很容易从他的脸上看出他的种种心情。与人相处,高兴的时候情不自禁,不高兴的时候只因一句话不对马上就能翻脸。这其实是一种不成熟的表现。从心理学的角度来说,就是不懂得控制和管理自己的情绪。如果你能恰当地掌握你的情绪,那么你将在领导的心目中呈现沉稳、可依赖的形象。

我们生活在多元化的世界,每个人都有自己的生活方式。一些看不惯、讨厌的人和事,你必须学会接受。否则就可能给你带来很多的麻烦。尤其在上司面前,喜怒哀乐不要挂在脸上,心里有什么想法,不要轻易地表露出来。脸上始终保持可亲的表情,这样有利于保护自己。也就是说,我们需要一个面具来保护自己。

或许你会说，我不愿意戴面具，戴面具的人都是虚伪的、不诚实的。这话也不完全对。在这个复杂的社会中，各种各样的人都有，让人难以识别。学会戴面具是为了更好地保护自己，只要你不戴着面具侵犯他人的利益，你就不是虚伪的。

如果你始终觉得自己的喜怒哀乐太容易被人察觉，那么就试着选择沉默和思考吧，你会从中获益。

03 干活时,小题大做

对待公司分派下来的任务,你通常是小题大做,还是大题小做呢?据我了解,很多人往往把公司分派下来的任务大题小做,这样的态度对自己非常不利。如果想在职场中有好的发展,就必须认真对待公司分派给自己的每项任务,以小题大做的态度把这些工作做得尽善尽美,这样认真负责的人才能担当更多的重任,才能在职场踏上平坦之路。

柳小姐是一家公司的行政部文员。一天,公司接到一张请柬,邀请总经理参加一个行业内部的交流会。总经理对这样的行业交流会不感兴趣,但是拒绝了又显得不太礼貌,可能会影响以后在业界的口碑。于是总经理折中了一下,随便指派了新员工柳小姐去参加会议。当时,柳小姐在公司走廊里和总经理碰到,她礼貌地向其问好,总经理点了点头算是回应。走了两步后,他停住脚步回转身说道:"下星期有个行业内部的交流会,你代表公司参加,随便拿些会议资料,我看看就行了。"

从总经理漫不经心的态度中,柳小姐也知道这个会议不是很重要，尽管如此，柳小姐还是决定小题大做，认真准备。她查阅了很多行业内的资料，拟定了一些对于行业的建议。这些建议都是精心准备的，很有实用价值，可以更好地促进这个行业的健康发展。于是，当会议主席让柳小姐作为公司代表发言时，柳小姐提出了很多好的建议，被纳入了这次会议制定的新的行业章程中。那天柳小姐还特意带了公司的很多宣传资料，让与会者对柳小姐就职的公司印象非常好。

半个月后，在一次大型商业会议上，几家同行业的老板都向柳小姐的总经理夸奖柳小姐，说她提的很多行业建议都非常好。总经理没有想到随意派去的员工居然给自己制造了一个意外惊喜，很是高兴。

公司每隔一段时间就会聚餐。因为以前负责这项工作的员工调换到了其他部门，柳小姐的工作内容就增加了给公司预订聚餐饭店这件事。以前聚餐都是员工随便打个电话预约一下就行了。柳小姐接手这项工作以后，对公司附近的一些饭店进行了考察，最后选了个味道最好、性价比较高的饭店作为公司的定点饭店。选定菜品，以前一个电话就能搞定的事情，柳小姐总是认真确定菜单，然后仔细跟饭店前台吩咐清楚才放心离开。

因为公司的员工来自五湖四海，每次聚餐，柳小姐总会根据大家籍贯、口味的不同，点不同菜系的菜。总经理是沈阳人，柳小姐有一次还专门让饭店备了一桌东北菜。大家非常满意，都夸奖柳小姐考虑问题周到。

总经理见柳小姐总是把小事情当"大文章"来做，很欣赏这种负责任的精神。于是，一些重要的事情开始交给柳小姐去办理。柳小姐发扬以前的小题大做精神，认真负责地把总经理交付的每项工作都完成得非常出色。

一年后，柳小姐被总经理提拔为行政部的经理。

记得有人说：再小的生意，也有人发财；再大的买卖，也有人做砸。同理，我们是不是可以这么说：再小的事情，做好了、汇报妥当了也能升职；再大的事情，做不好或者汇报不妥当，都有可能被拖下水。

所以，汇报工作的时候，从来不怕你小题大做，只怕你大题小做或者不做。哪怕你能力再强，心态再淡定，具体工作的时候你可以举重若轻，但汇报的时候一定要轰轰烈烈。可偏有一种员工，明明他完成那项工作时吃了很多苦头，克服了很多困难，但汇报的时候却轻描淡写，说得云淡风轻。这样的人再优秀再努力，也只会被列为不重要的人员行列。

04 捕捉上司的弦外之音

在职场，我们要琢磨上司隐性的话。所谓隐性的话，也就是人们常说的话里有话、弦外之音。人们总是用弦外之音表达自己真正的意愿。据说有的领导签字都有讲究，横着签意思是"可以搁着不办"，竖着签意思是"要一办到底"；如果在"同意"后面是实心句号，这件事要"全心全意"办成。在汇报工作时，这些细节都要领会。

一家专业的职场调查公司针对职场"弦外之音"状况进行了调查，结果显示，在近 1400 名受访者中，超过九成的人曾使用或遭遇过弦外之音。显然，弦外之音现象在职场中很普遍。所以在和上司的沟通过程中，你更要领会上司的弦外之音，以免好不容易等到的升职机会偷偷溜走。

王建平日里和上司私交甚好，有一次上司特意安排王建和他一起去美国出差。但当时想与上司同去的人很多，所以，大家都对这件事议论纷纷。考虑到影响的问题，上司当着大伙的面先问了一句："小王，你的英语很不错吧？"当时王建也没考虑太多，老老实实地回了句"我的英语很差啊"。话刚说出口,他身边的同事便毛遂自荐,说自己英语还不错。

此时王建才发现自己做了件傻事:上司只是在给自己一个去的理由,只管点头不就好了,这下把机会白白拱手让人了。

果不其然,那位自荐的同事顺利去了美国公干。可王建知道,当时在场的几个人英语其实都不好。上司平时工作繁忙,一般员工能见到上司的次数并不多,与上司的情分也相对较少。因此,上司的弦外之音是最具职场属性的,多半会涉及加薪、升职、绩效考核、裁员等一些令人敏感的话题。而弦外之音的形式以试探、提问、激励的方式居多。所以,对上司的话要多加留心,不要被表象所迷惑,不经意的谈话可能就是对你现在工作的总结和下一步工作重点的安排。

阿奇在一家广告公司做文案。而他正是因为没有听懂上司的弦外之音,才导致自己的工作受到了影响。更为关键的是,他的弦外之音被上司解码了。

有一天,他正为不知道如何表现出新品牌牙膏独一无二的清新感而在电脑桌前伤脑筋时,上司迎面而来,问他:"还好吗?工作进展得怎么样?"阿奇无力地说:"我正在苦思当中,但很难想出新的创意。"接着他又略带抱怨地诉苦道:"这家广告客户真是够蠢的,艺术指导能力不足,业务经理又混……也许事情总是物极必反,越大的公司越容易走下坡路。"在他说了最后一句话之后，就听上司丢下一句："我朋友大概快来了，偏偏眼睛有点不舒服。"眨一眨眼睛后，上司慢慢地走向他的办公室。

在这次简短谈话后，曾是公司最炙手可热的广告新星阿奇渐渐发现，自己不再获选为重要广告案的一员了。受挫的他想请上司解释一下其中的原因。上司一改往日温和的态度说："我如何相信你能处理大案子呢？你根本无法专注于工作，还用叛逆的态度对待客户，我能放心吗？"

其实，当上司突然对你特别关爱时，未必是别有用心，你要小心无意中自暴短处，坏了前途。若你在职场中扎根久了，对企业的一些内外部运作制度、身边的环境和自己的上司都已经熟悉了，那么一切对你来说都好像成了一种固定模式。在这种固定模式里，你更要听懂上司的弦外之音。在平常工作中对上司的性格、兴趣、习惯等因素有一定的了解，也会使上司的弦外之音有迹可循。

最后要提醒你的是：在工作中，领会弦外之音是对自己职场情商高低的一次小测试，是考验自己是否在职场游刃有余的标尺。表面上能否听懂、看懂、读懂绝非关键，重要的是在每一次的经历、尝试、判断之后，能认真地进行分析与总结，所谓"吃一堑、长一智""多留个心眼"，就是如此。平常你要多注意考虑事物的另一面，多进行换位思考，多问几个为什么，那么，领会上司的弦外之音就不是问题了。

05 明确上司目标，与上司想法并轨

我们常常说，一个人要有自己的想法和目标，这是走向成功的基石。但是，在你处于下属角色的时候，就需要很好地了解和把握上司有什么样的想法和目标，这同样是走向成功的基石。

有这样一位销售经理：在走上新的岗位以后，他依据自己的经验和对市场的分析，把关注点放在扩大市场占有率上，并为自己设立了较同行领先的目标。

一个季度下来有了明显的效果，市场占有率有了回升，但销售收入并没有得到很好的改善。

区域经理为此对他进行了严厉的训斥，要求他必须采取措施，以提高销售收入并加大货款回收力度，改善当前的销售业绩。

这位销售经理认为自己的想法没有错，继续坚持自己的营销策略。

第二季度下来，销售业绩仍然没有大的改观。

区域经理非常恼怒，解聘了这位上任半年的销售经理。

原来区域经理面临改善当前销售业绩的重大压力，总经理已经放出话来："如果销售业绩在年底没有实质性的改善，你就走人。"

这位销售经理在上司一再明示的情况下，仍然坚持自己的想法，不仅没有实现自己的理想和目标，反而被上司"炒了鱿鱼"。他正确的做法应该是一上来就要明确上司对自己有什么样的期望和目标，而不是只考虑自己的想法和目标。

其实，现实中这样的例子是很多的。他们没有把"实现自己的想法和目标"与"实现上司的想法和目标"一致起来，他们甚至不清楚上司有什么样的想法和目标。这就导致他们的工作方向和重点与上司的要求背道而驰，工作越是努力，离上司的期望就越远。这样的下属很难得到上司的信任和重用，甚至会被上司弃之不用。

据大前研一记载，松下幸之助每当策划新项目时，一定要先选出 3 名候选人，并同他们谈话。最后，从中选择和自己的想法比较接近的人来全权负责这个项目。用松下幸之助的说法就是：就算自己不亲自主持该项目，但由于双方的想法基本一致，结果也会基本相同；这样的下属让自己放心，即使他人看起来更优秀也不能替代。

上司的成功就是我们的成功，我们的成功就是上司的成功。这是我们思考问题的出发点，也是我们与上司在想法和目标上达成一致的基准点。如果你们不能达成一致，那么多半是沟通不到位。

如何保证自己能和领导关注的要点保持同步，这就需要平时多和领导沟通，你可以在下面这些细节上下点功夫。

一、经常性的询问，至少一年一次

为了更好地了解上司的期望和目标，要学会与上司进行面对面、一对一的交流和沟通，每年至少询问一次上司有什么样的期望和目标。

我们不仅要清楚上司明示的目标，还要清楚上司内心没有说出来的期望和目标，有的是来自上面的压力，有的是来自上司个人职业发展的压力等。案例中的销售经理如果清楚区域经理面临的来自上面的巨大压力，也许就不会执拗于自我的想法和目标了。

二、要让每个人都清楚自己的目标和任务

我们不仅自己要清楚，而且要让自己的下属也清楚上司的期望和目标，监督、指导、帮助下属抓好组织落实，确保目标的实现。

对于年度、季度、目标任务，我们要用书面的形式表示出来；对于一些临时性的工作和任务，要能够在上司布置完后，随即口述一遍，以确保能够准确理解上司的期望和意图。

三、定期汇报工作进展情况，至少一月一次

要让上司适时了解工作的进展情况，至少每月向上司进行一次专题汇报。对一些重要的、紧急的任务要做到随时汇报。

经常与上司进行工作上的沟通，可以检验我们是否准确地把握了上司的期望和目标，并能够很好地得到上司对我们工作的理解和支持。

不执拗于自我的想法和目标，绝不是放弃自我的想法和思考。而是要懂得站在上司的立场来思考问题、采取行动，帮助上司获得更大的成功。当然，如果上司的期望和目标不切实际，或者要冒很大的风险，我们要能够积极地影响和改变上司原有的想法和目标，力争实现最好的结果。

06 以"横切苹果"的刀法提案，让上司感到惊艳

先来做个切苹果的游戏：

给你一个苹果，让你切成两半，你会怎样下刀？

你肯定不屑地说"这是三岁小孩都能完成的活儿"，你毫不犹豫地以果蒂和果柄为点竖着落刀，一分为二。

很遗憾，你错过了更加漂亮的花纹。如果你把苹果横放在桌上，然后拦腰切开，就会发现苹果里有一个清晰的五角星图案。这让人不免感叹，吃了多年的苹果，我们却没有发现里面竟然会有五角星图案，而仅仅换一种切法，就会发现这个美丽的秘密。

提案时，会议桌上，当你企图说服领导的时候，你不妨也让自己变成一个"横切苹果"的人，只是换一种说法，就让领导感受到你的惊艳，一分钟，甚至是几秒钟，就能说服他。

有一家生产牙膏的公司，其产品优良，包装精美，很受消费者喜爱，营业额连续十年递增，每年的增长率都在

10%~20%之间。可是到了第十一年，企业业绩停滞了下来，第十二年、第十三年也都是这样。总裁对业绩感到非常不满，便召开全国经理级高层会议，以商讨对策。

在会上，公司总裁许诺：谁能想出解决的办法，让公司产品业绩增长，奖励五十万元。

无数个经理提了无数个方案，都被总裁不耐烦地否决了。这时，有位年轻的经理站了起来，递给总裁一张字条。总裁打开字条，看完后马上签了一张五十万元的支票给他。

那张字条上只写了一句话：将牙膏管开口扩大1毫米。

人们每天早晨习惯挤出同样长度的牙膏，牙膏管开口扩大1毫米，每个人就多用了1毫米宽的牙膏，这样，每天牙膏的消费量将多出许多！

于是公司立即开始更换包装。接下来的一年，公司的营业额增加了32%。

这则故事给我们带来很多启示，故事中经理的提议虽然只是增加1毫米的宽度，却给公司带来了巨大的销售量，这其中蕴含着不小的沟通和汇报的技巧。

在试图提高产品销量的提议中，绝大多数人总是在大力开发市场、笼络更多的顾客方面做文章，落入俗套且效果不好。而这位年轻的经理不走寻常路，换了下思路，增加原有客户对商品的消费数量，就能达到领导期望的目标。可见，换一种思路就能找到说服领导的契机，同时赢得一片新天地。

而这些秘密有时候就隐藏在小细节中。

日本东京的一个咖啡店老板利用人的视觉对颜色产生的误差，减少了咖啡用量，增加了利润。

他给三十多位朋友每人4杯浓度完全相同的咖啡，但装咖啡的杯子颜色则分别为咖啡色、红色、青色和黄色。

结果，朋友对完全相同的咖啡评价则不同：认为青色杯子中的咖啡"太淡"；黄色杯子中的咖啡"不浓，正好"；咖啡色杯子以及红色杯子中的咖啡"太浓"，而且认为红色杯子中的咖啡"太浓"的占90%。

此后，老板将其店中的杯子一律改为红色，既大大减少了咖啡的用量，又给顾客留下极好的印象。结果顾客越来越多，生意也随之蒸蒸日上。

成功总是垂青那些不断发现问题、分析问题的人。1毫米的宽度差别不大，却提升了牙膏厂商的业绩；红色和青色的差别，足以让一个咖啡店生意蒸蒸日上。这些细微的不会引起大多数人注意的细节却往往有其关键的作用。用心去观察、去发现，也许下一个惊世骇俗的"金牌员工"就是你。

07 多用"比如、假如",让理想照进现实

当你意欲说服上司同意你加大资金、投入扩大零部件的生产的时候,怎样的诉说会让你觉得构想与现实很近?

A.零部件的生产可以给我们带来巨大利润。

B.假如我们把目前的资金集中起来,投入到零部件的生产,我们就会向通用那样全面发展。

美国学者汤姆·W.戈特将现实和理想之间的差距称为"缺口"。研究表明,理想与现实之间存在差距,即现状与预期达到的状态之间的差距,现有绩效与预期绩效之间的差距等。只要把这些差距与现实相结合,就能缩短理想与现实的距离。用一个个"假如"比较与之相似的成功实例阐述、解说构想,是最能让人信服的。

很多人都不知道,卓越的判断力和商业谈判的成功都需要使用逆推法来成就。所谓逆推法,就是每次谈判前,先通过研究敲定对公司有利的局面和构想,然后从最好和最坏的

结果向前推出谈判中可能出现的所有细节，直至回到现状。从现状开始用"假如"把一个个构想列出来，直至达到最终目标。可以说，通过"假如"把现实推进构想，这是国际上很多卓越企业家的商业秘籍。

松下幸之助在怎样才能调动员工的积极性方面，有其独到之处，并写入松下公司的公司制度里。

20世纪30年代初，松下幸之助到一家日本古寺去游览，这次游览让他大开眼界，他惊异地发现，虽然那里的人都是无偿劳动，却干得非常快活，带给他极大的触动。他认识到，一旦认为自己所从事的是有意义的活动，积极性就变高，生产效率也极高。

回到公司后，松下幸之助从扩大公司规模开始倒推：假如我们想扩大规模，就必须先有足够的资金；要想拥有大量的流动资金，就必须占有更大的市场，取得更大的利润；若想增加利润，就要提高生产率；若想提高生产率，就要提高工人积极性；而最能调动员工积极性的方法，就是提高工人工资，让每一位员工都觉得自己是公司需要的人。通过一系列假设，松下幸之助得出了公司更好发展的最基本要素，即调动工人积极性。

自此，松下公司开始了多劳多得的工薪制度，只要生产出来的产品能保证质量，超过公司规定的生产量的部分给予相应的提成。并实施了每月奖金方案，每个月表现最好的5

名基层员工都可以获得额外奖金；每月表现最好的前3名管理者也给予相应的奖金鼓励。

除此之外，松下幸之助还向公司团队宣传了自己的"假如理论"：假如你像对待家人那样对待你的生意伙伴，你就能维持长久的客户关系；假如你能对自己的工作全权负责，你就能承担起所有的重担；假如你利用了大量的社会资金、人力资源，却无法创造利润，那就是对社会的犯罪⋯⋯

如果松下幸之助不曾有过那么多的"假如"，他又怎么能让自己的远大理想变为现实呢？

其实，进行这样的假设实在很有趣，不管是公司的预期发展还是描绘与人合作的发展蓝图，没有一系列的假设，就难以实现美好的发展前景。

我们在描绘企业发展蓝图或合作前景时，要灵活运用"假如"和"比如"。先阐明自己的明确观点并略加解释，再举出例子证明自己的想法和计划的可实施性。最后总结时用一系列假设把现实逐渐推向构想与要达到的目标。也可用适当的反面例子，用"如果⋯⋯不是⋯⋯""如果⋯⋯没有⋯⋯"反衬自己的思想正确性。

如美国通用公司的一名小职员在劝说自己的上司虚怀纳谏、注重人才时，不是直接说出自己的建议，而是先给上司讲了一个小故事：

"松下电器在管理经营中，不仅依靠经理、主办等公司领导层,还依靠全体职工的智慧,以'集中智慧的全员经营'作为公司的经营方针。不管是身处公司的哪一个阶层,只要提出对公司发展有利的建议和构想,都会被采用,松下电器公司总裁松下幸之助常说:'如果只靠一个人的智慧指挥一切,即使一时取得惊人的进展,也会有行不通的一天,我们要集公司所有人的智慧为公司导航。'

"为此,松下努力培养人才,尤其加强对新进职员的培训,从公司的发展过程到公司远景,从公司状态到业内现状都一一让职员充分了解,并规定了一些对有用建议的奖励制度,以调动职员发掘'金点子'的积极性。并推出了长期培养人才的计划,开设各种综合性的系统的研修、教育讲座。松下公司发展中的每一次改革、每一个有利的建议基本都是由处于公司最基层的一般员工提出的。

"由此可以看出,松下既是制造电器的公司,又是造就人才的公司。松下之所以取得如此巨大的成就,除了其特定的历史条件和社会环境外,虚怀纳谏也是其事业成功的基础。'事业的成败取决于人,没有人就没有企业'是松下幸之助的'吸才'名言。

"如果松下没有虚怀纳谏,怎么能够吸引众多的人才为之效力,又怎能长期居于世界电器公司的前几位呢?如果我们公司也能不分阶层,广泛吸收好的建议,并重用对公司有用的人,也一定能像松下电器公司一样不断壮大,业绩不断上升。"

自此，通用公司也注重起人才的选拔和培养，不久，通用的基层人员也越来越多地提出对公司发展有利的建议和构想。

一个小小的"假如"作对比，让一个部门经理参透了用人之道，也让通用学到了松下最经典的管理方法。

一系列的假如让我们看到了希望，看到了美好的蓝图，让构想不再遥不可及，而是更接近现实。职场中，不论是与同事、上司交谈，或是与客户描绘方案的发展前景，都少不了用些说话中的小技巧，比如、假如之类的句式会让你的构想不再空泛无力，而让对方觉得切实可行。

不过你表述构想的话也要切合实际，以免与现实的差距过大，或过于虚无缥缈，让人觉得匪夷所思。

08 如何搞定变色龙老板

当一个"任务"未落实前,上司对你所提出的计划百般赞同,而等到落实具体操作的时候却提出诸多意见,让你总是不知所措!职场上,这种"变色龙老板"并不少见,明明是按照他的旨意做的,他点头同意的,出了门就翻脸不认人。面对上司的哗变,你是该毫无保留地接受,还是另寻良策,灵活应对?

阿广是广州一家外企的员工,他就遇到了这种情形。

"我刚到一家外企公司上班,工作内容主要是负责活动策划。我跟同事相处甚好,上司给我的最初印象也是和蔼可亲的。记得我第一次把拟好的提案拿给上司看时,他浏览了一下提案,笑了笑说:'好好,不错不错!'听到赞美,我心里美滋滋的。于是我一回到自己办公室就开始准备这个提案的'手续',可是没想到等到提案真正要落实操作的时候,上司却提出很多意见,认为这里不妥那里不妥。最后我不得不连续两天通宵加班赶出另一份提案,真是忙得够呛。

"当我再次向他汇报提案的时候,他还是那种态度,但这次我谨慎很多，得到上司的赞美后，又跟他讨论了里面的一些小细节，不过他是一味地说好，并没有发表意见。我本以为这次能顺利完成，不过到真正落实操作的时候，他却又开始提出意见。后来通过同事我才了解到，他不是针对我个人，他对每个人都是这样！面对这样的上司真是哭笑不得。"

咱们来分析下阿广这个案例。其实有时候这种领导也不失为一位不错的领导，或许他的方式就是希望下属在事前没有顾虑地多提意见和看法，而他在默默地琢磨多方的意见后再形成自己最终的判断。当他发出"诸多意见"时，我们为什么不将其在某种程度上看作是领导的一种工作关怀呢？此时需要做的不是恼怒他当初为什么不提出意见，非要等事到临头的时候才发出诸多声音干扰人心，我们要做的是赶紧"进入"他的意见，放弃个人的对抗情绪，深入思考，认真领会，与领导沟通、交流，辨清方案的明细，最终达到推动工作进展的目的。

面对这种类型的领导，我们可以从几个方面来应对：

方法一：提案需要更周密

首先，领导在事后提的意见，有时是他对下属的方案中所体现的一些潜在问题的敏感反应。因此，我们在设计提案之前不妨考虑得更周密一些，与现实条件结合得更紧密一点，反复推敲各种可能发生的情况，然后把提案所涉及的发生条件、行动步骤、预备方案、解决办法等描述清楚。让领导在此过程中看到我们的全身心投入和我们足以完成方案的实际能力。有可能的话，把提案形成文字，请领导审阅后给出书面批示，以便减少反复变化的情况。

方法二：重点放在"求同"方面

如果你的领导喜欢就具体情况提各种意见，那么我们提案时的重点应当先放在跟领导确认一个共同的方向和领域上，细节内容暂时从略。如果他因此提出来要讨论具体内容，我们可以有准备地趁机跟他商议具体事项，并要求他确定下来。在确定共同方向的基础上，当开始具体执行的时候，我们要多向具有这种风格的领导主动请示、及时请示，获得他的当前意见。这样，局面就完全改变过来了，不是领导在此时喜欢"啰唆"，而是你能在具体工作上借重领导的经验优势和指导优势。经你的长期引导，或许可以形成一个上下级之间和谐互动、默契配合的工作局面。

方法三：注意与上级的沟通语言

如果领导真的很喜欢反复说"好好好"而没有具体意见，那么要注意此时我们与上级的沟通语言，要避免全篇都是陈述式的语句。要多用问句，用请示的方式跟领导沟通，来确认他的具体意见。同时，要放慢沟通的节奏，多注意领导的表情。

方法四：学会复述或者回复的方式

我们知道，善变的老板常常颠覆自己原来的说法，会说："我什么时候这么说过了？""我怎么会是这种意思？"这种情况下，我们总要保留老板的颜面，总不至于通过录音或者其他更极端的方式让老板承认。如果坚持这么做的话，后果可能会是你再也不用面对他了！轻松倒是轻松了，但下一步你可能会面对其他更善变的老板，那该怎么办呢？但我们也不能太被动，总要有点办法来面对并解决这种问题，办法总比困难多。

现在很多公司都用OA系统或者其他软件系统进行日常工作，我们可以通过邮件的方式或其他电子方式和老板进一步沟通。通过复述或者回复的形式，让老板把原来表达的意思清楚地固化下来也很重要。当然，如果是面对面的沟通，可以通过口头的方式再复述一遍，也是很好的方式。总的来说，这种方式可能不能100%解决问题，但至少能把大多数问题解决了。

总的来说，面对善变的老板有可能是坏事，也有可能是好事。你怎么去理解怎么去做，绝大多数情况下会变成你想要的方案。未来，我们也需要更了解善变老板的类型，让我们做得更好。

09 如何跳出汇报时进退两难的窘境

你遇到过这样的情况吗？你请示上司一个问题时，上司却很忙，没时间理你；当你自作主张时，上司却勃然大怒，指着鼻子骂你为何不事前请示。这是汇报工作最狼狈的窘境。

左右为难是吗？别着急，谁做下属与上司相处都会经历这个过程。特别是当你初入上司麾下，彼此都不熟悉，肯定需要一个磨合的过程。这个过程可长可短，当然也有些技巧。

一、明白你的工作空间

首先，你要分清什么事需要请示，什么事你能自己决定。其实这就是你工作空间的问题。你的自由裁量权越大，你就越开心。相反，芝麻粒大的事都要请示上司，没准儿你本来想把"事"解决了，没想到"事"的"亲戚"又出来了，越请示事越多，很是麻烦！

怎样把握这个度呢？首先你要明白上司关心什么。什么事在老板的日程表中优先级比较高，这种事情要小心；上司没时间过问的事，你大都能自己决定。另外，上司授多大的权给你，也要靠你自己争取。如果你一开始非常出色地完成了几件事，那上司对你的信任度会越来越高，你自由裁量的空间也会越来越大。

记住：信任，是一个逐渐建立的过程。

二、让上司做选择题

分清了这个边界之后，还有一个如何请示的问题。

在请示上司的时候，千万不要问"这个事我应该怎么做"。上司都很忙，没时间和你长篇大论，遇到脾气不好的上司，还会怼你："我告诉你怎么做还要你干吗？"

比较合理的方式是，给上司出一道选择题——这件事有三套方案，A、B、C，然后说明一下你倾向于哪个方案以及原因，最后让上司选择一个。一般来说，上司会直接选一个，或者问些问题后再选一个，亦或让你再补充些方案，然后再从中作出选择。

这么办一般都可以把"事"解决，很少能见到"事"的"亲戚"。还有一个好处是：方案是你提的，上司定的，做成了你有功，做错了，责任也不全在你。

三、别把请示当汇报

很多人把请示汇报混为一谈，当成一件事，我这里特意拆开来区分一下。"请示"是说你遇到问题需要上司的批示，上司点头之后你就相当于拿到尚方宝剑了；"汇报"是说你需要说明一些事件的进展，让上司知道事做到哪一步了。

很多事情你无须请示，但别忘了汇报。邮件中的抄送功能很方便，抄送一下给你的上司，让他知道事件的进展。多数情况下，上司不会干预事件的进程，同时你也避免承担擅自做主的风险。

汇报的时候也是有技巧的，重要项目的重要节点一定要汇报。一定要让上司知道项目进展到哪里了，是否在按计划进行，能否按期完成，有没有遇到困难，是否需要帮助，等等。比如说现在要进行一个"把大象关进冰箱"的项目，这是你负责的非常重要的项目，你必须在重要节点及时向上司汇报。如果进行到第三步的时候，出现了问题，冰箱门坏了，那你要及时给出解决方案。如果遇到的问题超出了你的解决范围，那也要让你的上司知道，看看是否要把危机升级。问题解决之后，要及时通报，项目完成要有汇报与总结，等等。

一般来说，这种做事方法会让你的上司觉得省心。他在日理万机的时候，只要稍微瞄一眼邮件，就知道事办到了哪一步。这种"运筹帷幄之中，决胜千里之外"的感觉很爽。如果你有这样的下属，你也会觉得他很靠谱，你也愿意将更多的任务交给他。

你的上司是什么样的人呢？是事无巨细、一竿子插到底的呢？还是只问结果不问过程、充分放权的呢？其实，这两者是可以转换的，关键是看你能在多大程度上得到老板的信任。你越是靠谱，就越能让老板放心，你的空间就越大。

10 如何及时向领导汇报坏消息而不遭殃

例行性的工作汇报也许还好说，工作遭遇困难的时候如何汇报，才真的会让人头疼。任何企业的成长都不可能是一帆风顺的，因此，一定会出现意料之中和意料之外的坏消息。作为下属，总有一些时候，需要硬着头皮将这些坏消息告诉领导。

在现实生活中，想要让领导接受坏消息并不是一件容易的事情。很多情况下，领导并不会像你所想的那样接受事实。而在沟通的过程中，他有可能迁怒于告诉他坏消息的你。很多人因为不会说话，不会传递坏消息，最后被领导迁怒。因此，在职场传递坏消息是非常有讲究的。及时、如实、恰当地上报坏消息，给上司留出时间来弥补，不能让"错误的坏消息"酿成更大的坏消息。

一、找个合适的时机告诉他

如果坏消息不需要马上让领导知道，那么就选择一个合适的时机对他说。最好是没有人在场的情况下，悄悄地把坏消息告诉他，这样领导也会坦然接受。

另外，如果领导刚批评完员工或领导自己刚被领导批评了一通，这时你最好不要再向他传达任何坏消息，否则你会成为领导的出气筒。

二、委婉地表达，给他个情绪缓冲期

请看如下场景：

"经理，经理，不好了！上次来的那个客户刚打电话来说，他们今年不想和我们继续合作了，想找一家新的供应商合作。这怎么办啊？真要是这样，我们会损失四分之一的份额的！"

正当经理与一位重要的客户电话联络感情，宾主尽欢之际，突然冲进来一位员工，气喘吁吁地告诉他这样一个坏消息。经理气急败坏地捂住电话，对着这位鲁莽的下属大吼："你给我出去！"

其实在他还没有被这个坏消息震惊前，就已被这位员工的举止惹恼了。

平心而论，并不是经理的修养不够，实在是这位员工行事太没眼色、太不会说话办事了。

俗话说得好：怎么说要比说什么更重要。面对坏消息，如果你能用一种相对委婉的表达方式，也许对听说双方都会有利无害。比如上面那个消息，这样说也许会更好：

"经理，上次来的那个客户刚刚出了点状况，他打电话过来说……"这里的措辞用的是"状况"，而不是"麻烦""问题"这类激烈的言辞。这时，你的技巧在于弱化了消息的负面刺激，给了上司一个情绪缓冲的时间。如果再配合你本人镇定自若的语调，泰山压顶而色不变的神态，上司会更高看你一眼。你在表达中应再多用一些诸如"我们"一类的字眼，表明你和领导是站在同一立场的，急领导之所急，想领导之所想。

三、想好解决方法再开口

有人说：好的上司最痛恨两种人，一种是整天只会讨好但说不到上司心里去的马屁精，另一种是只会将问题丢给上司的下属。

当你有坏消息要向领导汇报时，能否先在你的能力范围内，考虑一下解决问题的相应对策？能否以你自己对公司的了解，以及对目前情况的分析，考虑一下怎样处理这个问题最好？这样就可以在说出坏消息的同时，给领导提供一套可行的处理方案，或提供一些有利于解决问题的可靠信息。如果正好你是这个问题的专家，那就更是责无旁贷了。你有责任向领导提供可行的解决问题的方案，顺便不要忘了让领导知道，有些地方你非常需要他的帮忙，没有他的支持这件事绝对做不好。

此外，人总是更喜欢做选择题而不是填空题。因此，在向领导汇报工作时要多准备几套方案，阐明各个方案的利弊，帮助上司形成决议。比如针对客户流失案例，你可以这样沟通："经理，上次来的那个客户刚打电话说，他们今年不想和我们继续合作了，想找一家新的供应商进行合作，不过我认为这是好事，我仔细考察和研究了他所代理地区的情况，物色了两家更有实力的公司，他不退出，我们还无法与这两家公司合作呢！您看什么时间有空，我约他们跟您见见，您来面试一次，看选择哪一家？"

如果你是以处理问题为工作内容的员工，掌握上面的这些沟通原则或技巧尤为重要。记住，要将你的领导当成你的朋友、家人，真心为他着想，不要总拿坏消息刺激他，试着把坏话说好，急话说慢；切忌慌慌张张，要注意修炼自己的静气。

最后还要注意的是，在领导面前委婉地传达坏消息，并不是说你要在领导面前兜圈子、捉迷藏，说了半天还让对方一头雾水。最佳的沟通方法应该是清晰、委婉地表述。

总之，向领导传达坏消息一定要知道"三大纪律、八项注意"：

三大纪律：

时间不对不说

地点不对不说

感觉不对不说

八项注意：

领导不高兴时不说

领导会客时不说

领导想休息时不说

领导状态不好时不说

表达不到位不说

找不到真相不说

没有激励语言不说

没有解决方案不说

11 说服领导改变主意的六种方法

上司不是上帝，也有决策失误的时候，此时作为下属可以据理力争。不过，说服上司是一门高级学问，方法很重要。你看看古代的那些臣子，在向皇帝纳谏时，方法好的，成了一代名臣；方法不好的，成了"刀下之鬼"。

请看下面这个案例：

某公司 2023 年成绩明显，为了奖励销售部，公司领导决定让销售部出国旅游 15 天，但只有 8 个指标，这下，销售部方部长觉得犯难了，因为公司的 10 个销售员都非常努力，如果剩下两个人没有去，那这两个人肯定会有意见的。于是他决定再向上级领导申请两个名额。

他是这样和领导沟通的：

方部长："王总，您太大方了，一下子让我们部门 8 个人出国旅游，我们从来没有见过这么有魄力的领导。"

王总说："哈哈，你们部门去年表现都不错，值得表扬。"

方部长说："王总，但您可能忘了我们部门有多少人了吧！我们有 10 个人，如果去了 8 个人，剩下的两个人肯定心里不好受，这样会影响明年的战斗力啊！我的建议是，要么都不去，要么都去！"

王总又问："您倾向什么意见呢？"

方部长毫不犹豫地说："激励总比不激励好啊，都决定花钱了，就不要计较再多两个人了。如果把接待规格、住宿规格稍微降下来点，那两个人的钱不就出来了嘛！"

王总被这么一夸，再加上还有合理化建议在眼前，很爽快地就同意了方部长的主张。

假如你是销售部长，你会如何与公司领导沟通呢？方部长用的这一招可以归纳为"说出领导最想听的话"。当领导的其实很容易给人造成曲高和寡的感觉，很多下级之所以不能进言成功，是因为他们根本找不到领导最想听的话，很难成为领导的知己和心腹。

当然，还有更高明的方法，咱们还以这个案例为素材，边看案例边解读方法。

一、把你的意见变成领导的意见

会沟通的人总是站在对方的立场上讲话，不会沟通的人总是在声明自己的立场。

针对出国福利的案例，方部长还可以这样说：

"王总啊，您太懂得西方式的管理了！把激励这一套全学来了，我真羡慕我手下的员工，因为他们能够追随您这样的领导。"

王总:"哈哈,吹吧!"

方部长:"真的不是吹!您曾经告诉我,激励的目的是为了激活团队,让团队更有使命感、成就感和刺激感。"

王总:"别给我戴高帽了!让你们部门去外国游玩,这个福利不错吧!"

方部长:"非常不错啊!但是我估计公司后勤部没有理解您的管理思想。"

王总:"什么意思?"

方部长:"后勤部只安排了8个人。总共有10个人,如果传达下去,一定会影响您多年创造的和谐的团队企业文化。其实,我们销售部的成绩非常平均,没有大幅度的成绩落差,就是因为打的是团队精神的旗号,严格执行您的意志。如果只去了8个人,团队精神就体现不出来了,也就和您的管理思想相违背了!"

王总:"没有这么严重吧!都去不是吃大锅饭吗?"

方部长:"您一直教育我们销售部别搞个人英雄主义,要搞配合。您说过,没有完美的个人,只有完美的团队。所以,销售部的成功就是大锅饭的成功!"

王总:"好!不愧是销售部的部长!您的意见呢?"

方部长:"尽量在不增加公司预算的情况下,节约每个人的开支,争取让每个人都去!这也符合您的精神!"

王总:"好吧！都去吧！"

二、一针见血，分析利弊

领导最在意的是结果，如果沟通某些问题不需要讲大道理，你可以直接把利害关系告诉领导，让领导定夺。

方部长还可以这样说服王总：

方部长:"王总，您真是活菩萨啊，居然一下子拿这么多钱给我们作福利，让我们出国旅游！"

王总:"你是无事不登三宝殿啊！有事吧！"

方部长:"当然，领导这么忙，我们不能随便打扰的！王总啊，本来有福利是好事，但是，10个人只去8个人，就把好事变成坏事了！因为成绩是10个人的成绩，如果只有8个人去享受成果，会严重伤害剩下的那两个人的自尊心的，您一直提倡的团队精神一定会受影响。"

王总:"有这么严重吗？"

方部长:"一定！我的意见是节约开支，尽量不增加公司的预算，让10个人都去！来年他们一定会更加团结，更加卖命地工作，为公司创造更大的成绩。"

王总:"既然如此，为了团队，都去吧！"

三、以德服人

公司最需要、最看重的是有德行的员工，因为他们是企业真正的财富。有德行不仅表现在忠诚度上,更表现在能够和企业同呼吸共命运上,他们会设身处地地为企业着想。

以德服人,方部长还可以这样进言:

方部长:"我的意思是节约开支,就基本把另外2个人的费用节约出来了。"

王总:"是吗,你帮我算一算账,怎么节约出来的?"

方部长:"我算了一下,他们现在的开支是每个人3万元,其中包括入住五星级酒店,吃的也不赖,如果让他们住三星级标准,吃家常饭,这样,每个人就都可以节约5000元左右,8个人不就4万元了吗,公司只用贴1万元,就能够让我们的公司继续有超一流的团队精神,如果您觉得这份钱公司不适合出,为了公司,我都愿意出!"

王总:"好!有你这句话,再花10万元我也愿意!"

方部长看上去是在"将军",实际上是在体现自己优秀的德行。按理讲,不去争取另外两个指标,对他本人也没有任何坏处,但是,他能够从大局出发,不希望公司元气大伤。因此,他愿意做出牺牲自己利益的举动,用自己忠心于企业的德行感动了王总。

看来,只要你够聪明,多动动脑子,让领导乖乖听你的话,还是可以体面地办到的。

12 如何通过年度总结讨加薪

每年的年终总结都会逼死一些人。去年年底，有个在杂志社上班的朋友把个签换成：憋稿是件苦差事，憋年度总结是更苦的差事！

每逢一年曲终时，不管你愿不愿，不管你会不会，不管你一年来的努力结果怎样，也不管你一年来的创伤和心得有多少，年度总结都无可避免地摆到了所有职场人士的面前。既然来了，既然躲也躲不开，绕也绕不过，只要你还想在职场混，就不如好好面对，认认真真地好好总结一番，想方设法感动老板给自己"讨加薪"。

安娜目前是某私企的中层管理人员。每到年底，都要收到本部门员工上交的五花八门的总结，今年也不例外。在这些年终总结中，有的人是把去年的总结原封不动打印了一份，连日期都忘了改就直接交上来；有的则是从网上东摘西抄拼凑而成，很多句子段落杂乱无章；还有直接抄同事的，连别人完成的项目都算在了自己头上。

对于这样的总结，安娜毫无例外地全给退了回去。剩下的大部分都是蜻蜓点水，写一篇流水账，虽说写得一般般，但毕竟走了个过场，只能照单全收。但其中有一个下属阿咪是个例外，她很聪明，把最想让安娜知道，又不好意思说的事写到了总结里，让安娜大为惊喜。

　　阿咪平时的工作很简单，工作成绩并不突出，也没有什么大问题，处于中游水平。但这次的年终总结却数她写得最认真。她用了很大篇幅写了9月份时的一次出差，当时她的父亲生病住院，孩子没人接送，本来想找安娜说明一下困难，但考虑到工作已经分配好了，每个人都有自己的任务，上司肯定不好安排，就让老家的亲戚来伺候父亲，自己坚持出差。没想到，请神容易送神难，亲戚不愿意走，还把孩子接来了，吃住都在家里，搞得丈夫和孩子怨声载道。但阿咪为了工作无怨无悔。安娜看了这样的话，心里暖洋洋的，感觉到阿咪真的是个好员工——宁愿自己麻烦，也不对上司吭一声，自己平常实在对她太缺乏了解了。

　　阿咪这样一总结，还让安娜想起了她的不少好处：同事之间换个班，阿咪基本有求必应；平常有棘手的任务，谁都不愿去，只要安排她，从来没碰过钉子。安娜想，等她忙完了年底这几天，一定要好好和阿咪谈谈，当面跟她道歉致谢。

　　其实，总结走不走形式，关键在自己。自己拿总结不当回事，总结就没有任何作用。而阿咪把总结当作和上司沟通的机会，既是对自己工作的肯定，又达到了沟通的目的，一举两得，挺好。

年度总结其实并不难。只是我们不知方法和技巧而已，只是我们平常不愿练习而已。大家是否见过很多职业写手专门代人写总结啊？当然，那些都是天天忙于喝茅台的领导们的专利。职场中人可千万不能这样做，否则，你丢失的就可能不只是年终奖，而是你的人品和诚信了。因为职场与官场根本不一样，职场还是需要务实、需要诚信的！

一份好的年终总结在形式上离不开以下几个关键要求：

第一，三个关键内容，业绩、问题和改善计划，缺一不可。并且一定要先说业绩、再说问题，最后还要针对问题说出你的解决思路及建议，层次一定要清晰，思路一定需要些创意，不会的话就找个管理顾问讨教讨教吧。

第二，一份好的总结文字也不要太多，以不超过2000字为宜，也就是普通的A4纸不超过3张，字体以小四为好，因为没有任何一个老板会有耐心把一份超过3张纸的长篇大论看完。

第三，一份与众不同的年度总结一定需要用数据说话，当然，这些数据千万不能用统计局的方法去收集，那是不会有人相信的。

第四，一份能给你带来意外惊喜的年度总结还要看起来漂亮，文字间隔要错落有致，大标题可以三号宋体，小标题最好用小四宋体加黑，正文可用五号宋体为宜，标题最好用楷体字以示区别。

第五，语言不能平铺直叙，一定要有点创意性的语言，让人读起来轻松愉快。所以，有时间的话你就赶紧上微博找几个流行的关键词装饰一下吧。

计划是总结的依据，记录是业绩总结的凭证。计划当然是指你每一期的工作计划，记录是你工作流程中产生的表格。表格上的数据就是你总结中需要重点渲染的核心。有了计划就可以总结出比率，有了表格你的业绩就不会再有任何疑问。可以说，没有计划就无从总结，缺乏记录就无法总结。与其编造一堆假话、空话来证明自己无能无德，你还不如一开始就放弃。

此外，要是平常就养成了良好的职业习惯的话，年度总结做起来就会更加得心应手。比方说平常喜欢日清月结的，注意观察并注意记录关键事项的，喜欢依据制度流程做事的，或者企业内部管理较为规范并实施了绩效管理的，做个年度总结可能就像平时发微博那样简单了！

其实，一份与众不同的年度总结，不只是单纯展示自己的成绩，还能反映自己的成长；也不只是你的工作任务的罗列，还是你的职业化水平的最好证明，一定能为你带来一份意外的惊喜。

第4章

工作态度、情绪管理

01 了解领导的习性很有必要

在日常工作中,有些人总喜欢把领导放在和自己对立的位置上,同时还错误地认为领导总爱跟自己过不去,动不动就给自己找碴。而事实并非如此,因为领导和下属拥有一个共同的目标,那就是把工作做好,把企业和组织发展好。这种拧巴的感觉多半是因为你自己的失误,你根本不了解领导。

我有个亲戚刚研究生毕业,在某旅游杂志社任策划编辑,前段时间总跟我抱怨领导事儿多,选题老是通不过,发稿量少,工资低,没有成就感,还央求我帮她策划个选题。

作为长辈,理当出手相助,我花了好几天的时间仔细翻看了她们的杂志,想出了一个很应时应景的选题,而且操作起来比较有优势,因为有熟人在当地政府任职,资讯和图片都可以帮着解决。

听了我的创意,小丫头很是兴奋,这么利好的事儿她理所当然地觉得领导应该点头,于是未容我好好交代她怎么和领导谈,就自个儿兴致勃勃地找领导汇报去了。结果,领导个性比较谨慎，她担心地方政府参与过多有可能导致文稿偏离编辑方针，所以把选题当即毙掉了。

小丫头挺受打击，在拼命跟我道歉的同时一个劲儿叨唠："这么好的资源和选题，不应该这个下场啊，都怪我们领导。"

我说不怪领导，怪你自己，你工作这么久了，连领导的性格都摸不清，难怪工作起来那么闹心呢。

我们总是把培训、干活、卖命作为工作的内容，把研究领导的性格当作溜须拍马的人才会做的事情。这是职场心理的原罪。对于员工而言，研究领导的性格喜好是最基本的职业素养，是从面试就要开始做的事。

谁都知道，投其所好才能赢得欢心，才能顺畅地共事。既然我们在领导手下做事，当然要了解自己的领导是哪一种性格类型，是外向的还是内向的，是小心谨慎的还是粗犷豪放的。只有这样，才能做到"知己知彼，百战不殆"。所以，把工作做好的前提之一就是必须了解自己的领导。如果你连领导的习性好恶都摸不清，工作起来必然是步步惊心。

鉴于此，我建议我那个亲戚先别忙着策划选题，把手头的事先放放，好好花点心思研究一下领导的性格脾气。她按我说的做了，现在她的工作顺畅多了，和领导的关系也融洽多了，工作的心情也愉悦得很。

假如你也面临和她同样的挫败感，建议你也先把工作放一放，研究下领导的性格吧。

通过我们长期和深入的研究发现，领导的性格类型大体上可以分为六种：

一、谨慎冷静型领导

这样的领导对一丝不苟的工作作风甚为欣赏，他们喜欢一份记载详细的工作报告，下属提交给他的工作计划也是越详尽越好。和这种类型的领导相处，你需要思虑得比他更多更细，做方案的时候把方方面面都考虑进去，在汇报的时候还要注意自己的言谈举止并学会把握分寸，就会比较容易获得通过。

二、妥协懦弱型领导

没有主见、耳根子软是这一类型领导的弱点。他可能很容易接受下属的建议，但同时又可能受别人的影响而有所动摇。因此，遇到这种情况，作为下属的你在汇报工作的时候，除了多向领导阐明自己的观点以外，还可让持相同观点的其他同事向领导进言，以支持自己的观点或计划。

三、外向豪爽型领导

他会欣赏办事细致的下属，也不反感不拘小节的人。这种类型的领导是一种外向而粗线条的人，对表面的一套并不讲究，更看重的是下属的实际工作能力。对于这种领导，你也可以偶尔粗线条一点。假如我那个小亲戚的领导是这个类型的，相信我们的选题不会是这个命运。

四、吹毛求疵型领导

百般挑剔是这类领导的特点。如果你不想被弄得神经兮兮，就只有摆正心态，不要太介意领导的批评，要知道挑刺只是他的习惯而已。当遭到这类领导的挑剔和批评时，不妨先分析一下，如果领导确有道理，那就按他的要求照办；如果属于无理要求，那就适当采取拖延战术"冷处理"，一旦拖得时间长了，领导也就没有精力再纠缠这些细枝末节了。

五、性格顽固型领导

这种类型的领导有一个比较明显的特点——固执己见。他们对于下属的解释一概充耳不闻，坚决要求下属依照他的方法处事；一旦下属有反对他的意思或者意见，他就会大加斥责，然后还会责令下属迅速完成他交代的任务。

面对这种类型的领导，要想使其改变风格，从而让自己少受"迫害"，不妨辅以耐性，尝试如下几点：首先，把握好自己的语气和说话口吻，语气要温和，态度要柔和；其次，要明确工作的目的不是为了某个人，而是为了团队的利益；再次，当你提出自己的建议时，先冷静地搞清楚自己作为下属的位置，不要越权。

六、脾气暴躁型领导

脾气暴躁，情绪容易失控是这类领导的最大特点。这样的领导常常为了一些小事、琐事就大发脾气，甚至公开斥责下属，让下属无从招架，难以应付。面对这类领导，我们一定要分析、观察他们发火的原因是什么，总结出其生气的一般规律，知道了问题的答案，就可以对症下药，防止此类事件重演。

当然，除了上述类型外，领导的性格类型还有其他种种，这需要我们在实践中不断总结。

02 如何克服怕见领导的心态

怕见领导是妨碍你亲近领导的"魔障"。

很多人都有怕见领导的心态。他们见了领导就像老鼠见猫一样远远地躲开，怕和领导打招呼，怕领导把自己叫到跟前，怕和领导挨得很近。当领导要求汇报工作的时候，他们便如临大敌，战战兢兢，在办公室里表现得极为紧张。其实领导无非是想要知道工作的进展如何，有没有什么问题，甚至会主动提出解决实际困难的办法。这种慌乱的心态使他们在工作汇报的时候无法准确地表述，从而引起领导的反感，让领导对他们的能力产生怀疑，严重影响工作的进行。

一个下属如果不能和自己的老板很随意、很和谐地相处，那么就不可能取得老板的支持与信任，这样开展工作的难度就会加大。时间长了，领导还可能对此产生误会，导致双方的关系愈变愈糟。

赵先生的业务能力在同事中极为突出，工作总是高效高质地完成。可是好几年过去了，他依然原地踏步，领导根本没有提拔他的意思。在一次和领导偶然的谈话中，赵先生才知道不受重视的原因，平日里他见到领导就像老鼠见到猫一样，总是躲躲闪闪。因此领导对他也没什么好感，这导致他虽然工作能力出色却得不到赏识。

的确是这样，赵先生只要和领导在一起，就浑身不自在，不管是部门主管，还是行政经理，他都很少交流，更不用提和老总说话了。

去年的公司年会聚餐，赵先生由于送投影仪晚去了一会儿，整个餐厅只剩下老总旁边的位置了。赵先生硬着头皮坐到那个位置，结果这顿饭吃得那个艰辛啊，不但精神高度紧张，甚至连动都不敢动，别提有多窘了。

幸运的是，领导主动和他谈了很多工作之外的话题，赵先生答得还算顺溜儿，最后领导语重心长地告诉他："做人一定要大胆一些，你不应该总躲着领导，没必要紧张，当然这并不是要你去巴结领导，而是正常地和领导接触，让领导了解你。"

赵先生这才知道，原来领导一点都不可怕。后来他改变了自己的"惧官心理"，人缘好了，人气旺了，领导也喜欢他了，在职场上也吃得开了。

当然，多数领导不会像赵先生的领导那样主动地去疏导员工的自卑心理，多数情况下要靠员工自己克服。职场上造成"惧官心理"的主要原因就是对自己不自信，总觉得自己才疏学浅，能力不够，在领导面前总怕说错话，或是说话不恰当，影响领导对自己的印象；其次，可能是对领导的感觉像是对待上学时的老师或是严厉的长辈一样，总觉得他们是不可接近的强者，唯恐做出什么不对的事情来，所以表现得战战兢兢，脸红心跳。

很多怕见领导的职员其实也挺讨厌自己这种胆小鬼的心态的，但苦于找不到方法。其实，心病还需心药医，克服这种"惧官心理"还是要从心理上入手。

首先是要保持一颗平常心。在职场中，保持一颗平常心是非常重要的，在接触领导时，既要尊重他们的职位，又要把他们当作同事，放松心情。

另外，自信也是很重要的，包括对自己的学识、才华和能力的自信，对领导信任的自信。

其次，就是把与领导的关系看得客观一些，不要把自己放在领导的对立面。从本质上说，领导和员工的目标是一致的，大家都是为了更好地工作。领导希望员工高效认真，这样领导的工作便容易开展，带领公司向好的方向发展。员工则希望领导开明和善，能够看到自己的努力，认可自己的能力，获得相应的回报。想到你和所有的同事包括领导都是为了完成一个共同的目标走到一起来的，你实际上是在帮助领导完成目标，把自己放在一个既是从属又是主人的位置上，就不会产生对领导的惧怕心理了。

下面是我从一位职场培训师朋友那里"偷"来的几种比

较有效和便捷的克服"惧官心理"的小秘方,希望对朋友们有所启发。

一、往前面的位置坐,让领导看到你

你是否注意到,在单位开会或聚会的时候,后面的座位,往往总是先被坐满,而前面的位置,常常会没有人去坐。原因很简单,大部分坐在后排座位的人,都是不希望自己太显眼,不敢面对单位领导的目光,这其实就是心理畏缩的表现。

从今天开始,不管是什么样的聚会场所,尽量坐到前面去,把它作为一种习惯,勇敢地接受大家的注目。只有这样,才能够帮助你消除怕见单位领导和上司的种种顾虑,增强你的自信心。

二、抬起头来,正视对方

当你面对同事或上司的时候,当你碰到陌生人的时候,把你的头抬起来,胸挺起来,目光正视对方。

通常,不敢正视对方意味着,对方的存在使你感到自卑、不自在,或你不如他、怕他;躲避对方的目光意味着,你有愧疚感、你做了或想到什么不希望被对方知道的事,怕对方会看穿你。这些,对你来说都是向对方发出不诚实或不友好的信号。特别是在会议桌上,会使你显得底气不足。

如果你勇敢地正视对方，那就等于告诉他你很诚实，而且光明正大，你说的一切都是真实可信的，毫不心虚，让对方感觉到你必胜的信心和勇气，从而赢得对方的尊重和信任。

三、想到的时候，就开始去做到

你有许多好的构思和设想，特别是工作上的改进和更新。你设计好了一切，但是却迟迟不肯行动起来，整天想着如果失败了怎么办，对自己的工作能力缺乏必要的信心。也不去和同事及上司交流，等别人行动并成功以后，才知道后悔。这样下去，你所有努力都白费了，同时，你就会更加觉得自己不如别人了，也就对自己更加没有信心了。

认为正确的方案，就必须立即行动起来，发现问题，可以一边实施，一边调整改进。机遇人人都有，成功不是等出来的，顾虑解决不了问题，只有行动，才是改变现状的最佳选择。许多时候，行动起来，改变姿态和加快速度，可以改变一个人的心理状态。你是动作敏捷还是拖拖拉拉？这些行为方式也是衡量一个人的自信与自卑的重要尺度。

四、把微笑挂在脸上

笑是一种推动力，更是一种很有效的心药，笑能治愈你的自卑心理，化解你对别人的敌对情绪，缓解你紧张而疲劳的心态。每天早上起床的时候,别忘了提醒自己:今天我要笑着去面对我工作生活中的一切,我要笑盈盈地面对领导。

记住:不管是什么样的情况下,微笑肯定比忧愁更能解决问题。

03 要谦虚，不要挑战上司的权威

和领导打交道，千万别挑战他的权威，哪怕你确实有优点，也要隐藏几分。

当你作决定时，一定要把上司的感受考虑在先，即使你是为了单位的利益，即使是你职权范围内的事，也千万不要让他感觉到你的狂妄。否则，即使是正确的决定，你也会被"拿下"。

某应用软件开发公司最近正在紧锣密鼓地研究一个新课题，时间紧，任务重。公司主管领导崔副总经理，通过考察调研，拟从本公司信息服务部借调小王和小李到课题组工作，好赶在下个月底把新课题新成果推介上市。崔副总请示公司的魏总经理得到同意答复，正欲实施，公司高董事长坚决不同意。崔副总和魏总心中大为不悦，小王和小李的借调之事也就此"搁浅"。

其实，借调小王和小李，是一件非常简单和普通的事，没有什么难度。再说了，崔副总和魏总也都是为了公司新项目尽快上马，无可厚非。但导致他们行船"搁浅"的最根本症结在于他们违反了职场中最大的忌讳：挑战了"领导"权威。

对于职场而言，每一个岗位和职位上的员工和"领导"必须履行好岗位职责，完成工作任务。不努力工作或工作做不到位是不行的。但是，工作太超前了，事事想到前头，事事做到前头，真正做到"想领导所想，思领导所思，谋领导所谋"，也不一定是好事。如果这样，那还要领导干什么，你不是在以实际行动越位吗？两千多年前的孔老夫子，仿佛有穿越时空的真知灼见，讲到"过犹不及"。意思就是什么事情做过了头，还不如不做。在职场中，如果把事情做过了头，就往往在不自觉中挑战了"领导"的权威。

这样，人们就会在职场中经常看到一种现象：做事严谨，一丝不苟，完成任务异常出色的人，往往会因为一点"瑕疵"，被领导批评得体无完肤、头破血流；而工作一般，还经常出现些小问题、小毛病的人往往得到领导的宽恕和谅解，甚至还会重用、提拔。怪呼哉？不怪！工作做过了头的人，往往自显其能。

由此看来，前文讲到的高董事长坚决不同意借人之事，也就不难理解了。在职场中就要遵循职场规则，无论办什么事情，尤其是公事，更要公事公办，按程序一级一级来。如果崔副总在请示魏总后，顺便再跟高董打个招呼，或者魏总跟高董搭个话，说明此事，可能就不会出现高董坚决不同意的情况，那新课题新项目的推进计划就会顺利得多。话说回来，这个项目虽然没有借调到人，完成任务的力量不足，但这绝不能成为崔副总完不成任务的借口。崔副总也是绝对不能不按时间"结点"完成新课题项目的任务的，否则，即使不受处罚，那以后也不会有担当大任的机会了。所以，在职场中，一定要给职场中最大的忌讳搭建最坚固的"防护墙"。在实际行动上做到"高筑墙，不越墙"，不要因为触犯了大忌搞得"灰鼻子土脸"。

当然，职场上挑战领导权威的"行径"还有很多，比如：

一、和领导辩论

在职场中，有些恃才傲物的员工在跟上司沟通时，喜欢辩论，在领导面前夸夸其谈，喋喋不休，企图说服领导。即使你是对的，也千万不要和他辩论，因为辩论并不能让人改变想法。波音人寿保险公司为他们的推销员定下一个规则：不要争论！完美、有效地推销不是辩论。毕竟很多问题并没有正确答案，总是和领导辩论只会让他感到你很强势。

二、反驳领导

还有一种喜欢"坚持真理"的傻瓜喜欢和领导对着干，他们有一说一，觉得领导的观点错了就直言不讳，这种直性子通常不会讨来"好果子"吃。我曾经有一个同事，工作能力强，为人豪爽，管理能力也非常强，深得老板赏识。虽然他各方面都好，但就有一个缺点，总喜欢和老板对着干，虽然每次最后都证明他是正确的，但最后还是在老板的刁难下离职。其实每一个老板都很认可他的能力，但对他总是在会议上公开反驳自己，耿耿于怀。每一次，他都是因为这事从公司离开。

是啊，不是他的能力不行，也不是他的想法不对。但是，他没考虑到，有哪个老板愿意看到，一个天天反驳自己的人老是出现在眼前。

总之，你要记住，对待老板，要尊重，不要处处挑战他的权威，永远别让他下不来台。否则，你就不好过了。

04 要自信，捍卫你的话语权

混职场，话语权很重要。

所谓话语权，就是通过用语言表达自身观点，进而影响他人的能力和权利。简单来说，就是你说话有没有分量，有没有说服力。

职场上的话语权到底有多重要，问问《武林外传》中的李大嘴就知道了。头一次跟有话语权的人聊天，他吓得只能一个劲儿用"我叫不紧张"给自己壮胆。有话语权就那么重要吗？

职场和选秀比赛不一样，我们每个人既是参赛选手，又兼有评委的职责——既评判他人，又被他人评判。同样是竞争，如果你的意见权重比别人大，那么在赛场上就具有了先天的优势。因此，能否放大自己的意见，让自己变得重要起来，关键就在于是否掌握办公室话语权。

是的，在一个越来越强调人际交往和互动的现代社会里，凭着默默做事情就想脱颖而出获得认可，似乎越来越不可能了。

唯一的做法是，勇敢地说出和实施自己的想法和主张，尊重自己的话语权，然后尽一切可能去影响同事、上司、下属或客户，用自己的言语和行为打动他们，形成一种互动的集体的自信心。唯有自己昂首挺胸，在刀光剑影的职场里保持坚强的自信心，才有机会出人头地。

如何自信地展示自己，提高自己的话语权？

一、说"我行，我可以！"

在办公室里，你可能是个不起眼的小角色，别人丝毫不会注意到你，这时，你的自信是你唯一的生存法宝。你应该积极主动地向前迈出一步，说出那句著名品牌的广告语："我行，我可以！"去积极争取表现你自己的机会。比如主持一个会议或一个方案的施行，主动承担一些上司想要解决的问题，或者主动地真诚地帮助你的同事，替他出谋划策，解决一些难题。如果你能做到哪怕只是其中的一点，你的内心就会起变化，变得越发有信心，别人也会越发认识到你的价值，会对你和你的才能越发信任，你在办公室里的位置就会发生显著的改变。

自信不是潇洒的外表，但它会带给你外表的潇洒。它是需要长期坚持的一种生活习惯，它会让你认识自己所扮演的人生角色，自己在哪方面有足够的能力，还有哪方面需要再发掘自己的潜能，这样你就能精神饱满地迎接每一天升起的太阳。

自信不是财富,但它会带给你财富。拥有并保持十分的自信,你就拥有发言权,就会更容易地得到升迁的机会,承担新的更具挑战性的工作,你得到成功的机会也就更大。

二、现在就开口

说话准确、流畅、生动,是衡量职业人士思维能力和表达能力的基本标准,也是考核他是否具备职业竞争能力的重要标志。

更重要的是,语言能力是提高自信心的强心剂。一个人如果能把自己的想法或愿望清晰、明白地表达出来,那么他内心一定具有明确的目标和坚定的信心。同时他充满信心的话语也会感染对方,吸引对方的注意力,直到让人们相信,他的自信心对他人有着巨大的帮助。

所以,现在就开口吧,无论对方是一个人还是几个或一群人,试着把自己的心里话说出来。别在意对方的反应,即使是嘲笑,只在意自己说得是否清楚、干脆,是否把要说的话都说出来了。只要坚持不懈,一定会有收获,一定会感到自己渐渐地充满自信的力量,说话的技巧也会大有长进。就从现在做起,否则你的自卑情结永远也打消不掉,那你就永远别想开口了。

三、昂首挺胸走路

你不但说话时要充满自信，你的形体姿态也应充满自信。一个腰板笔直、衣着得体、生机勃勃的人和一个耷着肩膀、衣着邋遢、不苟言笑的人相比，哪个更受人尊重和欢迎呢？答案是不言自明的，而且形体的自信会强化自己的语言自信，也能帮助自己建立良好的自我感觉，更加满怀信心。

形体的自信是一种整体性效应，除了行为举止，还包括面部神情、站立的姿势、目光的运用等。神情专注、面带微笑会让人觉得你是一个值得信赖的人，而神情茫然、愁眉苦脸只会让人退避三舍。与别人说话时挺胸直立，会显示出人格的尊严，也是尊重对方的表现，而靠着墙或桌子，颓然地面对别人，不光自己无精打采，对方也觉得索然寡味。谈话时适当地注视对方，间或转移一下视线，能使对话正常有效地进行下去。如果直愣愣地盯着对方，那是无礼的行为，而如果一眼都不看对方，那表示你一点自信都没有，说的话起不到一点作用。

因此，消极的不正确的形体姿态会妨碍正常有效的人际交往，也不利于自身的信心表达。只有充满自信的形体和语言，才会引人注意，受人尊重，进而达到成功的人际互动。

四、属下面前树立威信

如果你是一位经理或部门主管，在强调人际互动的社会环境下，不能一味地依赖权力和行政命令，而要依靠自信达到目的，同时也要帮助属下树立自信心。因为从现代管理学的观点看，员工充满自信，责任心就会增强，工作效率会更高，失误会越来越少，你也就更省心了。

帮助属下树立自信心的有效方法是同他们产生真正的交流，给他们一定的空间，让他们说出想说的话，即使不同意他们的意见，也要认真倾听，然后再负责地同他们讨论甚至争论，这样会使他们感到，他们在工作中有着举足轻重的作用，他们的信心也因此而得到加强。

05 不推诿，推诿就是拒绝

人在职场，难免会犯错误。当面对错误和过失时，既不要充满恐慌，急于否认，也不要急于推卸责任。一个害怕自己犯错且经常推卸责任的人，也许可以获得一时的重用，却会使自己的人格大打折扣，失去最终的发展机会。相反，勇于承担责任的人，则会在职场中得到更多信任和尊重。

小王是某跨国公司北京分部的行政人员，大家都不喜欢跟他打交道，因为"这人不可靠"：不管遇到什么事情，他都想方设法把自己"择干净"，从来不愿意承担一点责任和过错。

有一次，总部老总要来公司检查，经理让小王通知各部门，办公室内中午一定要留人。结果，老总来后发现业务部的大门紧闭。虽然老总没说什么，但经理很生气。事后经理问小王为什么没通知业务部，小王却辩解说："不是这样的，我通知过，只是我通知的时候，正赶上业务部没有人，所以没有通知到。"

"小王宁可绕很大圈子，说明错误与他无关，也不肯承担一点小小的过失。"经理无奈地说,"在小事上他都推卸责任,怎么能办大事!"

从那以后,大家都不愿意跟小王共事,经理也很少用他。前段时间,小王被调岗了,现在还处在观察考核阶段。

找借口推卸责任是世界上最容易办到的事情,同时也是领导最不愿意看到的事情。一个不敢担当、急于说不、推卸责任的员工,只能暴露他的心理弱点。

一、心理懦弱

记得我上小学时有这么一件小事。有天早上我起晚了,把作业忘家里了,老师训斥我说:"你怎么老是不带作业?"

"不是……"当我正支支吾吾的时候,老师说:"什么不是?你带来了没有?"

我说:"没有。"

老师说:"那不就是没有带!什么不是!就是!"

之后我发现,只要害怕承担责任就会条件反射似的说"不是"。仔细观察周围,你会发现,身边有无数的人在用"不是"作为被责问之后的第一反应。那些急于推卸责任的人,其实是懦弱的人。推卸责任是害怕的条件反射,不要以为别人看不出。

现在很多人面对工作也是这样,当上级问责的时候,条件反射地就做出了推卸动作,然而这样的动作,接下来往往是无力的辩解,以及一些很粗糙的借口。这样会让上司感到你这个人很难沟通,并且很不诚实。

二、不负责任

喜欢强调客观原因,谁的问题他都说,唯独不说自己的问题,这其实就是不负责任的表现,就像上述案例中的小王一样。

对于小王这样的人,老板会怎么看待呢?有个知名企业的老板说:"我有个手下,无论什么情况下,我指责他,他永远是强调客观原因。这说明他太容易受到其他事物的影响。这样的人,我从来不敢委以重任。"

相反,领导更愿意把晋升的机会给敢于承担责任的人。

小林和小魏是一起被招进快递公司的,被分配为工作搭档,然而一件事却改变了两个人的命运。一次,公司接了一件大宗邮件,要求必须送到收件人手中。出发前,老板交代他们要万分小心,因为这次的邮件是个贵重的花瓶。

到目的地后,二人下车去取货。小林试着把大宗邮件抱起来,发现有些重,便叫小魏过来一起帮忙。两人抬着邮件,正准备上台阶按响收件人家的门铃,谁知一个不留神,小林被台阶绊到,一个趔趄差点摔倒,而小魏重心不稳,还来不及反应,邮包的一角就摔在了地上。回过神来之后,两人忙上前查看邮件,发现里面有轻微的响声,看来花瓶有部分碎掉了。

回公司后，得知顾客已经打来投诉电话，小魏便抢先一步找老板解释。"这件事不能怪我，负责取货的是小林，我只是帮忙，货物是他摔坏的。"随后，老板又叫来了小林。小林将事情的来龙去脉如实汇报给了老板，最后说："这件事是我不小心摔倒造成的，我愿意承担责任。"

转天，处理的结果下来了，小林留下继续工作，用后几个月的薪水来偿还客户的损失；而小魏则被开除了。他找到老板追问原因，老板告诉他："谁犯了错，都会害怕承担责任，因为承认就意味着可能被惩罚。但一些不负责任的员工在出现问题时，把问题归罪于外界或他人，寻找各种理由为自己开脱。这既不能掩盖已经出现的问题，更不能帮你弥补损失。主动认错的员工，至少证明他知错，有改正和承担责任的决心。"小魏听了无言以对。

人在职场，态度决定一切。老板最担心的不是员工犯错，而是怕员工犯了错误不承认。承担失误是自己有责任心、有担当的一种体现，关乎一个人的品行和职业操守，否则，只是一味地"揽功推过"，不会有长久的生存空间，因为不承担责任的员工不会得到发展和提升。

如果你和上司之间会出现以下类型的对话，想想是不是需要改进一下你的处事方法。

上司：为什么到现在还没有给副总看你的报告！

你：刚才C在打印，我在等他结束，现在他大概好了吧，我去看看。

你：还有点东西要修改。

你：B也要把东西给副总，我等他一起。

你：A说我的报告不用给副总看（A是你的同级同事）。

你：不知道副总在不在，他的门关着。

你：D叫我帮他打印文件！怪他！（D是你的同级同事）。

你：我的杯子突然找不到了，在找杯子。

06 不诋毁，不给别人挖坑

他人在工作过程中发生的问题，出现的失误，也许会影响到整个团队，也许会直接影响到你的工作绩效。这种情况下，你会向领导反映吗？若是反映，你是怎样反映的？

"其实我本来计划挺周密的，都是小李说没事儿，于是我就……"

"我们部门主任没给我这权力啊，不是担心他心有芥蒂我早就放手干得很好了……"

"电脑中毒了，都怪小王建那个QQ群，最容易惹病毒了，否则我计划书早弄完了……"

类似这样的话，你对领导说过吗？你可能是有意的，也可能是无意的，但无论如何，你是个令人讨厌的职场"背刺人"。

这"背刺"有明和暗之分。所谓"暗"，顾名思义就是背地里说人坏话，打小报告。所谓"明"，就是当着当事人的面或是有其他人在场的情况下公开向领导反映"问题"。

这种行为让你得罪了朋友，也从上司那里讨不到好处。

同事之间背刺首先伤的是感情。自己的信任被玷污，这点会很难接受。

一般事情发生以后，理智点的就会进入冷战期，不理智的会立刻找你理论，冲动些的甚至当场就会翻脸。即便是好朋友，感情也会受影响，心存芥蒂，时间长了就会从此路归路桥归桥，甚至比不上一般同事关系。

再说上司那里，如果上司不听小报告，那么你枉做小人；如果上司听小报告，那么因为这种风气，难保哪一天他人就会这样背后在领导面前说你——你觉得这样值得吗？

Mary是文化公司的行政部文员，为了方便起见，她进单位以后建了一个微信群。目的完全是为了公司同事之间交流更方便，涉及几个部门的事情可以更有效地沟通。

谁知道那天，文案Davy着急赶一个案子，需要上网找资料，可偏偏那天网速特别慢，恰好也赶上那天他心情不好，很是烦躁，受外界的干扰大。他担心这样下去案子不能按时完成，于是就跑去找领导申请提前回家写策划案。领导问及原因，他说，可能最近用微信的人比较多吧，导致网速慢了些。

无意间的一句话，却惹怒了领导，领导对这个问题非常敏感，最讨厌员工上班聊微信，于是就下令严查！作为微信群的创始人，Mary自然遭了殃！就这样，Davy一不小心成了人人讨厌的"背刺人"，得罪了一大片。后来Mary愤愤然离职了，离职之前，她把Davy在邮件中抱怨领导偏听偏信的事抖搂了出来……

造成这样两败俱伤的局面，真是太不应该了。一个聪明的职员会想方设法避免一些负面评价从自己口中说出，不要在汇报工作的过程中说别的同事不好，因为你们都是一根绳子上的蚂蚱；不要在上司面前诋毁同事，因为上司远比你聪明；不要在同事面前表达对上司的不满，因为这是他表达忠诚的机会；不要在更高的上司面前投诉直接上司，因为他们合作的利益远远大过你。他人的问题，如果真正影响到工作，不妨在汇报的时候直接向上司说：这部分是由某某负责的，我建议您也听一听他的工作汇报。

当与上司谈及你的同事时，要着眼于他们的长处，而不是动辄"揭短"。否则，会使上司认为你不善于处理人际关系，并对你能否担任领导、能否与人合作产生怀疑。

总之，守好本分，明白分寸，这才是汇报时应有的谨慎态度。

07 如何面对正在发怒的上司

提起"咆哮帝",很多人眼前最先浮现出来的可能是演员马景涛,由于他的表演深入人心,咆哮时的表情很到位,以至于现在还有很多人制作相关的视频或者表情包,从娱乐的角度来看,我们会觉得这很幽默,但如果如此威武的咆哮有朝一日成了你上司的常态,你可有得苦头吃了,伴君如伴虎的恐慌会时刻萦绕着你。

光害怕是没用的,关键是要找个门道愉快地"与狼共舞"。有人说天下没有打不开的锁,只有没有找到钥匙的人,发怒的上司也不是不可攻克的难题,只要你对症下药。只是在这之前,你得分清你的上司发得是何种类型的怒火。

一、突然爆发型

特征:一点就着,暴风骤雨,吼完完事,转脸温柔。

病理:他们有着超高的标准和超低的耐心,任何不能与他们内心需求相契合的回应都属于愚蠢和不可饶恕。同时他们高度认为自己的愤怒对事不对人,甚至属于爱之深、责之切，所以三分钟前可以把报告撕碎了扔到你的脸上，三分钟后，路过你的格子间，你都不敢相信他居然会问你今天的脸色怎么这么差。别以为他们神经搭错了线，他们的愤怒属于速释型，发泄完了就跟正常人一样。

对策： 每种类型的咆哮上司的心理需求都有不同，这种自恋者需要的是赞美，跟这种领导置气纯属浪费自己的情感和能量。对于这种上司，你就当没那回事，等他咆哮完了，让他歇会儿，接着沟通，接着汇报。

我以前有个老板就是这种类型的，同事们每天的问候语都是"老总来了吗，咆哮了吗"。你要没被他咆哮过，你都不好意思说在这公司待过，职业生涯都不完整。只要有他在，整个公司50米范围内的气场都不一样。

他情绪好的时候对内对外都慈眉善目，让人感觉如沐春风，可了解情况的我们还是脊梁骨发冷，不知道什么时候他就瞬间变身了。他情绪不好的时候看什么都不顺眼，一点就着，会为了很多琐碎的小事发飙。

比如，前台忙着签发邮件没及时端茶递水，他就会站到前台处大声训斥直到整个公司都能听见，如同自动门铃，传达两条信息——"我来了"和"我很不爽"；觉得哪个部门的办公室卫生不如意，他又启动了"咆哮模式"，上纲上线到歪风邪气、妖气蔓延方才罢了；看见办公区的椅子没有放对位置，或者灯泡坏了一两只，他就跟龙王似的，顿时掀起暴风骤雨……

一开始我对他非常反感，也没少和同事一起"嘀咕"，可是后来我发现这种把喜怒哀乐挂在脸上的老板比那些心思缜密一年到头一张脸的老板要好打交道得多。明明刚在办公室训完我，午饭在走廊上遇到，他会关切地交代我们不要着急回办公室，饭后散散步晒晒太阳更好。

我觉得他还是很关心下属的老板，而且后来我调整了自己的行为方式，看他的"脸色"行事，就很少受他"咆哮"了。

二、周期循环型

特征：好的时候怎么着都好，一到临界点就转脸儿怎么着都不成了。

病理：都说六月的天小孩儿的脸，而此种老板的脸色绝对比六月的天气更难以预测。他们就像脾气难以捉摸的父母，好的时候任由孩子折腾，坏的时候孩子做什么都觉得不对。他们任性的脾气其实透露出一种婴儿期的全能自恋，地球需要围着他们转动，他们的情绪就是别人最好的行动指南。关键是他们很少能够意识到自己的反复无常，因为他们从没觉得自己的需要有啥不合理的，他们理应成为周围人的上帝，谁叫他们觉得自己那么特别和重要呢。

对策：缺乏安全感者需要的是尊重和服从，千万不要直接挑战他的权威，除非你去意已定。这种领导属于"顺毛驴"，你就顺着他的心意陪着他折腾，折腾一会儿他就累了，等他累了没劲折腾的时候你再找时间和他沟通。

三、本性习惯型

特征：一天不咆哮就浑身痒痒，天天来咆哮，每天五分钟。嘿！还真对得起咱老板这身份！

病理：他们从不认为在办公室表达愤怒有何禁忌，相反，不能在自己的地盘上露出真性情何以显示出这是自己的责任田呢？他们不太善于分辨和表达自己的负面情绪，无论沮丧还是脆弱，无论失望还是嫉妒，总之一切的不满最终都化作了满腔的怒火。所以他的愤怒很可能是一切不满情绪的出口，每天的咆哮就是心理体操。在他们看来，这样的出口是最安全的，因为很少有人能从暴跳如雷的老板身上看出脆弱甚至无助。

对策：一点就着的老板需要你同样有对事不对人的宽容，这就是他表达在意的方式。

四、影帝表演型

特征：声势浩大到所有人都感觉到是虚张声势，实则咆哮之意不在吼。

病理：他们不相信有理不在声高，他们更相信会哭的孩子有奶吃，这个"奶"是指别人的重视，当然他们的哭声很特别，以至于听了没有人会心生怜惜反而唯恐避之不及，甚至有激愤者在脑子里已经将其掐死无数遍了。因为内心对自己的权威不够有安全感，他们需要演技的帮助，于是吼叫成了他们看来性价比最好的招式，必要时还要辅以经典的捶胸顿足。不过演技再真也是假，长此以往，看穿其把戏的下属只会觉得他是只色厉内荏的纸老虎。

对策：对于这种除了愤怒基本上不知道如何表达情绪的上司，你需要的是同情和理解他的难处，他不被人看到的脆弱和压力正是你接近和软化他的法宝。

每一个负面情绪背后都有一个深刻的需要，也许咆哮的方式让人难以接受，但是这些强烈的情绪背后的需要往往才是症结所在。除了满足咆哮帝们各种不同的心理需求外，更要知道在职场中解决问题远比简单地处理情绪更为重要，看看他们咆哮的背后究竟是因为什么事情，把功夫用在平时。

另外，同一个办公室中总有一些经验深、功力高的同事可能更擅长对付上司的古怪习惯，不妨互相切磋学习，或者哪怕暗中观察一下。既然有无数的先烈已经踩过地雷了，就不要把自己也白白地搭进去了。

牢记这些，潜心修炼，从此释然，以后各种类型你都能招架住了。

08 牢记他是在说事，不是在骂人

工作中出现了差错而被上级领导批评，是职场中经常发生的事情。一个明智的下属，应当怎样对待上级领导的批评呢？当然，这取决于他们的"东家"内心的诉求。

据心理学家研究，当人们看到犯了错误的人痛心疾首、懊悔自责的态度，并竭尽全力去改正时，大都会因此而生恻隐之心，减轻对其错误的谴责和反感心理，同时还会给予热情的关注和由衷的帮助。也就是说，天下的老板都喜欢看到下属乖乖认错，知错就改。

可见，从错误、失败中吸取教训，及时改正，这样的下属会很快得到领导的谅解和尊重，以及同事的赞许。

小韩的上司非常喜欢当众批评自己的手下，小韩就被他批评过很多次。一开始小韩也是一肚子怨气，认为这个上司完全没有人性，不懂得给人留面子。不过通过长时间的接触，小韩逐渐发现上司虽然会因为一件小事横加指责，但也不是无的放矢，与其为此争论还不如痛痛快快地认个错完事。于是，上司再批评指责小韩时，他就主动认错，这样一来，上司的怒火也就平息了。

日子久了，上司也觉得小韩这个人能够虚心接受批评，是个好员工。所以对他格外看重，批评的次数逐渐变少，取而代之的是肯定和赞扬，最后还给小韩争取了一个加薪的机会。

案例中的小韩，能够以积极的心态面对上司的指责，由此得到了领导、同事和亲友的信任及帮助，为自己在职场中谋得了好的发展机会。这就证明，在受到上司批评时，心态是关键。只要你自己想开了，不纠结于领导的情绪而是理性看待事情，不消沉，批评可以成为进步的阶梯、成功的捷径。

虽然良药苦口利于病，忠言逆耳利于行，但多数人是很难以积极乐观的态度对待批评的。美国学者戴尔·卡耐基通过多年的观察研究证明：任何教训、指责，都会使人感到伤了自尊而处于自我防卫状态，并且往往会激起他极大的反感。可以说，闻过则喜者少。喜表扬，恶批评，是一种普遍存在的心理现象。

如何克服这种心理呢？

一、要有"我错了，我担当"的勇气

在任何场合，做人都要有担当。出了错误，给工作造成了损失，就要接受批评，并积极着手解决造成的不良后果。之后，当上级进一步调查原因时，认真配合，逐步搞清

真相。这样，你该承担什么责任，他人该承担什么责任，什么是客观不可避免因素，终会有个公正的结论。最忌讳、最愚蠢的态度就是不从自身找原因，强调客观，极力推诿。不管客观情况怎样，你毕竟是当事人。也许对你的批评有些过头，让你承担的责任有些过重，但随着调查的深入，情况的进一步明了，是非曲直终会澄清的。

二、强化组织观念，提高思想认识

在组织系统中，领导对下属有着法定的监督、控制、指导等权力。当下属出现与组织的统一运作相背离，或不协调、有误差的行为时，领导有责任对其进行批评指正，这是毋庸置疑的。如果任其而为，那就是领导的失职，他就会因此而受到更上一级领导的批评、惩处。所以说，领导是在履行职责，是对事不对人。作为下属应当具有这种起码的组织观念，被批评时不应只想着是领导故意找自己的碴，跟自己过不去。这种想法不但于改正错误无益，还会形成抵触情绪，影响正常工作关系和同事感情。

三、进行换位思考

当上级批评自己时，如果感到难以接受，这时换个位置，设身处地地从领导的角度考虑一下：如果我是领导，会怎样对待犯了这种错误的下属？能够丧失原则、放任自流、姑息迁就吗？这样一来，往往就会心平气和了，就会正视自己的缺点和错误了。局限于自我的角度考虑问题，常常会感情用事，陷入狭隘、偏执、片面的泥潭难以自拔。实际上，对于许多问题的思考，适当转换思维角度，会进入豁然开朗的境界。

四、不要过于计较领导的批评方式

英国学者帕金森说："即使在私下，不破坏和谐融洽气氛与亲密合作的批评都是很难做到的。"合理地批评确实是件不容易掌握的事情，既要对方认识到错误的危害性，又要做到不伤其自尊，欣然接受，还要以此增进双方的信任感。这一切往往很难同时做到。由于每个领导的工作方法、修养水平、情感特征各不相同，对同一个问题的批评方式就会表现出明显不同的差异。和风细雨式的批评好接受，而急风暴雨式的批评就让人难以忍受。然而，作为下级，不可能去左右上级的态度和做法。应当认识到，只要上级的出发点是好的，是为了工作，为了大局，为了避免不良影响或避免造成更大的损失，为了帮助你，哪怕是态度生硬一些，言辞过激一些，方式欠妥一些，作为下级也要适当给予理解和体谅。不去冷静反思、检讨自己的错误，而是一味纠缠于领导的批评方式是否对头，甚至当面顶撞，只会激化矛盾。

09 被上司误判误骂不生气

在职场上，被上司冤枉、误骂也是常有的事。在企业界的名人中，有很多是出了名的火爆脾气，跟下属拍桌子是家常便饭，甚至跟他们一起闯江湖的副总也会有被骂得狗血喷头的时候。老板大权在握，在下属面前，更容易随意发泄自己的情绪。尤其是身为公司的领头羊，他面临的压力和挑战不是一般人所能想象，因此，当他面临重大压力的时候，可能会自觉不自觉地将自己的情绪发泄到下属身上。

小笛还没走进老板的办公室，就听见老板在屋子里咆哮："你们这些人是怎么回事？哪有你们这么办事的？！都是饭桶！"

小笛小心翼翼地敲了敲老板的房门，过了一会儿，听见老板高声说："进来！"

小笛进了老板的房间，看见几个同事正垂头丧气地站着挨训。

看见小笛，老板仍然没好气："你怎么现在才来？！你们可以走了！"几个同事赶紧离开了房间。凭她的经验，这次被老板召见是凶多吉少。果然，老板拿出小笛昨天交的企划案，"啪"的一声摔在桌子上：

"你写的这是什么玩意儿？！连客户的基本情况都没有搞清楚！还有这个地方、这个地方！这么写合适吗？啊？"

小笛不敢申辩，只好低着头听老板训斥。老板训了多长时间她不知道，直到听到老板说："出去吧！"她这才一溜小跑回到办公室。

回到自己的座位上，小笛心里委屈极了，她的企划案明明是周一开会的时候按照老板的要求写的，但是现在却被他挑剔得一文不值。

小笛越想越觉得难受，到了午饭时间，小笛也没有心思吃饭。一连好几天，小笛都在老板的黑色情绪感染下垂头丧气。

其实在心理学上，愤怒常常是被用来达成目标的手段。老板们一般都是力量型的人，这样才能独当一面，所以他们一般都比较强势，不容置疑。当他们遭遇挫折时，一部分人会以一种比较极端的方式表现出来。这个时候，如果你不懂得应付老板的黑色情绪，可能就会被他的不良情绪影响，接着会怀疑自己的工作能力，久而久之，陷入自卑和沮丧的情绪中。

被上司误骂时，如何保全自己呢？行走职场多年，我早就总结了一套骂不死的思想路线，这套路线很神奇哦。

首先这样想：

老板就这脾气，又不是针对我一个人的，大家都这样，不过是今天我碰巧赶上了而已，他不是看我不顺眼，也不是想整我，昨天小王不也这样被骂了嘛。所以，我们都是他的"小工具"而已，今天赶上我值班。

如果还不能消气，那就接着这样想：

他的愤怒是因为工作引起的，不是私人恩怨，也就是说，是对事，不是对人。若不是为了工作的事，他何苦要骂我呢？老板有可能是在其他地方遇到了一些压力，他老人家不能对着客户发火，也不能到大街上去发火，公司是他掌控下的安全地带，所以他最有可能选择这个安全地带来发泄情绪，算了，我多担待点就是了。

如果还是难受，那就再这样想：

上司一般不会把批评、责训别人当成自己的乐趣。谁也不会放着好好的日子不过，在这里发疯。我相信，他骂我的时候，他的心情也是不好受的，没准儿比我还难受。所以，若不是为了工作，他才不会狮子一样在我这里耗费卡路里呢。我不过是用对耳朵听听罢了，倒是他，既怒火中烧，还不停咆哮。这样想想，心理也就平衡了。

被上司误骂，最可怕的一点就是有的员工在被上司批评之后就开始怀疑自己的能力，这种怀疑甚至到了非理性的地步，怀疑自己是否能做好眼前的工作，是否能做好这一行，进而担心自己会被炒鱿鱼或者不被重用。

事实上，我们完全没有必要因为一次小小的批评而背上沉重的心理包袱。很多时候上司都是骂过就算了，日后"良心发现"后可能还会补偿你。

总之，一名聪明的员工，不会让自己的心情被上司的斥责所扰乱，挨骂时只要理性地对待、巧妙地处理，在职场上保持一种云淡风轻的好心情一点不难。

10 千万别急于为自己辩解

当被上司批评的时候，人会本能地处于一种防卫状态，这种心理状态的外在表现之一就是积极替自己辩解开脱。无论是否意识到自己的错误，人都会这样自动地选择，尤其是被误判的时候，更是强烈。有些情绪控制力差的员工甚至会在公开场合当面顶撞领导。

这千万使不得。无论有错没错，你都不要急着辩解。因为批评你的时候，那头"咆哮的狮子"处于非理性的疯狂状态。这时候你所有解释的话都意味着不服，所有的语言都被认定是反抗、推脱，只会激发他对你进一步的反感，加深他的误解。等待你的可能是新一轮更猛烈的狂风暴雨，甚至是打击报复。

有这样两个年轻人，他们大学毕业后进同一家公司的同一个部门工作。有一次上司给他们两个安排了一项工作，但并没有提出明确的时间要求。过了几天，上司问起这项工作的完成情况。当知道工作还没有完成的时候，上司十分恼火，对他们进行了严厉的训斥，认为他们做事拖拉，没有把心思用在工作上。其中一位年轻人感到非常委屈,就辩解说:"我们一直很尽力,没有像您说的那样。况且您又没有说要什么时候完成这项工作。"上司一时语塞,竟然不知说什么好了。另一位年轻人赶忙说道:"对不起,都是我们的错!下次不会再有这样的事情了。"

这件事以后,上司对这两位年轻人的态度有了一些差别,主动承认错误的年轻人常常会接手一些重要的任务,一年后就升任部门的业务主管。另一位年轻人却很少再接手一些重要的任务,最后只好申请调到别的部门去了。

两位年轻人面对上司的批评表现出了截然不同的态度,那么上司对待他们的态度也就截然不同了。实际上,上司在批评完下属后,最想看到的是下属能够承认错误;最不想看到的是下属认为自己没有错。如果下属没有错,那么错就在上司一方了。

所以面对上司的批评,不要一味地解释,这样不仅解决不了问题,反而会引起上司的不满。我们可以这样做:

一、先说"对不起"

被上司批评,不管责任在不在你身上,你首先要做的事情就是道歉,说声"对不起"可以缓解上司的愤怒心情,它是一种软化剂,给双方一个后退的余地,要知道"退一步海阔天空",道歉能给双方日后的交流创造机会。

二、再说"我错了"

如果错误在我们,即使只有1%的错误,也要诚恳地接受批评,向上司说一声:"是我错了。"

如果错误不在我们,即使我们是100%的正确,也不用像受了天大的委屈,对于上司的批评,你完全可以这个耳朵进那个耳朵出,没有必要放在心上。如果你认为有必要向上司说明你的看法(比如上司的批评涉及原则性的问题),可以在被批评之后,找一个适当的机会向上司说明情况,而不是当时就针锋相对。

作为下属,绝对不能因为上司的批评有不对的地方,就对上司表现出抵触和厌恶的情绪。这实际上是在"指责"自己的上司:"你的批评是错误的!"如果我们不能忍受来自上司的批评,难道上司就会忍受来自我们的"指责"吗?

三、日后反思,及时交流

其实,没有哪个上司愿意批评下属,上司批评下属一定有他的缘由和道理。所以,每次被上司批评之后都要扪心自问:"上司为什么批评我们""自己有什么地方做得不对""今后应该如何改正",并将反省的情况与上司进行交流和反馈。

这会让上司从内心原谅我们的过失,更加信任我们、看重我们。

作为下属，当你遭受到上司不正确的批评时，千万不要意气用事，马上走人，给领导留一点时间，就相当于给自己争取了机会。

11 立即行动，以积极的态度工作

你家里或身边有小孩子吗？你见过他们周末做作业的情景吗？通常情况下，应对周末老师布置的作业，小家伙们可分为两类。

第一类孩子，回家就做作业，做完作业再痛痛快快地玩。

第二类孩子，回家就把书包扔到一旁，和小伙伴们疯狂地玩耍去了。

这两种孩子的生活是完全不同的，第一类孩子要舒服得多。他们及早地做完作业，爸爸妈妈检查满意后，会大加夸赞，给予物质和精神的双重奖励，然后他们就可以痛痛快快地玩，到了学校也会受到老师的表扬。

第二类孩子在短暂的玩耍后，接下来的日子将会非常难过。家长会不停地催促、盘查、训斥，甚至是责骂。若是完不成的话，周末晚上就要加班加点，若是再完不成，周一早上还要面临老师的责罚。

同样，在职场上，也有两类孩子。

上司分派给你一项任务，且时间很充裕，此时，你会怎么做？

第一类"孩子"：立即着手进行，认为早干完活心里比较踏实。

第二类"孩子"：心想，时间还很充裕，明天再做吧。认为只要按时完成任务就好。

假如你是第一类"孩子"，你上班的心情一定比旅行都轻松；假如你是第二类"孩子"，那你上班的心情绝对比上坟还沉重。

前者立即着手解决，快速完成手头的工作，不仅能逐渐提升自己高效的解决力，还能赢得上司的赏识；后者心态随意，养成了惰性，有可能因为各种各样的突发事件而耽误了交付任务的期限，对上司和领导都没法交差。

某公司老板赴法国出差，且要在一个国际性的大型商务会议上公开演讲。由于时间紧凑，临行的前几天，他身边几名为其准备各种物料的工作人员忙得头昏眼花。只有负责演讲稿的贝克悠然自得，认为准备演讲稿对自己来说是"小菜一碟"，只要按时完成就好。

在老板赴法的那天早晨，几个部门主管都来送机。其中一个部门主管问贝克："你负责的演讲稿打印好了没？"

贝克眍着惺忪睡眼，说："昨天加班赶得太晚，我熬不住睡过去了，早上起来没来得及。反正我是用法文撰写的，老板也不一定能看得很明白。等他上飞机后,我会让公司把演讲稿打印好,再以电讯传去就可以了。"

谁知,老板到达机场后,第一件事就问贝克:"你负责准备的演讲稿和数据呢?"贝克按他的想法婉转地回答了老板,老板闻言,怒声斥责道:"我已计划好利用坐飞机的时间,与同行的外籍顾问讨论一下自己的报告和数据,以免浪费坐飞机的时间!现在让我怎么办?以你的能力,这个演讲稿理应很简单,时间很充裕才是,你是怎么搞的……"

老板的一顿狂批,让贝克原本苍白的脸变得惨白。

21世纪的今天,所有的职场中人都在以令人炫目的速度快节奏地度过每一天。大至企业,小至普通员工,要想使自己立于不败之地,就必须奉行"在预期的时间之前解决问题"的工作理念。要想在职场中一帆风顺、炙手可热,最实际的方法就是满足老板的愿望,提前消化手中的工作。

作为老板,交代给下属的事情,恨不能立马就得到回复,没有哪个老板和上司不喜欢能提前完成任务的员工。让任何一个老板花时间等待你解决问题的结果,比浪费金钱更让他心痛。因为在等待过程中的每一分钟都可能发生突如其来的变故,使得整个计划失去了所有的价值,让公司损失惨重。

把解决问题的时间提前,从心理学角度来说,可以一定程度上提升一个人的紧迫感。当一个人完成一项任务的时候，有意识地把截止日期稍微提前一些，可以有效地增强处理事情的紧迫感，从而提高工作效率，久而久之，逐渐培养自身高效的解决力。

所以，职场中人，对老板和上司交代的工作，要在第一时间内处理，争取提前完成，让其放心。如果每次将老板交付的任务提前完成，你将会成为他眼中最具价值的员工。

可是很多孩子都喜欢在学习和玩耍之间先选择后者，然后在最后时间一次性赶工把考试要复习的东西突击完成。但是在工作中请不要养成这样的习惯，因为工作是永远做不完的，容不得你"突击"。又或者，当你徘徊于如何实施的时候，你的领导已经看不下去，自己去做了。这是一个危险的信号。

另外，警告一下：永远不要想，我知道了，先把上级派的事情放一下，等这集《甄嬛传》看完再说。百分之九十的情况下，你会忘记或者来不及，因为这件事需要花的时间比你原先想象的更多。说做就做，一直都是最好的职业习惯。

12 释放职场压力，如此工作不辛苦

职场是个人成长的地方，有时候也是摧毁人的地方。职场的种种压力，通常是人们身心衰老的重要原因。

阿丽所在的证券公司在中国证券业占据领军地位。然而商场如战场，面对四周强敌环伺，公司必须始终保持高速运转，不放过任何一次发展壮大的机会。去年，阿丽接到公司的新任务，与欧洲一家大型集团公司洽谈一个新的合作项目，并且只许成功不许失败。

因为时差问题，在很长一段时间里，阿丽都是夜以继日地工作，打电话、发传真、发邮件等，每天只能在白天抽出三四个小时休息。她也渐渐适应了黑白颠倒的生活，这样一路拼杀至夏去秋来，合作项目谈成了，夜里的工作减少了，阿丽却调整不过来了，晚上只能抱着枕头数星星看月亮。让阿丽感到烦恼的不仅仅是失眠，她明显地感觉自己的身体状况越来越差，经常感冒、头疼、心烦意乱、心慌气短，忽而又头晕眼花、哈欠连天。阿丽不得不在同事的陪同下去医院做了全面的身体检查，最后医生告诉她身体一切正常，阿丽不禁问自己到底怎么了？是谁偷走了自己的健康？

阿丽身体出现的种种不适，其实是压力导致的躯体化症状，可以用美国心理学家佛洛第巴卡提出的"巴乌特症候群"来解释这一现象。

所谓"巴乌特症候群"，是指一生都在拼命学习和工作，突然有一天，压力超出了极限，人就像马达烧坏了一样，失去了动力，陷入动弹不得的状态，出现失眠、焦虑、健忘，对他人的情感投入低等负面情绪，从而导致身心交瘁的一种症状。究其原因，是由于阿丽长期工作过度，黑白颠倒，睡眠不足或处于紧张状态，精神得不到放松，导致神经内分泌的应激调控系统被激活，并逐渐衰竭而发生的身体紊乱。

现代生活的快节奏，使压力与我们如影随形。工作压力，生活压力，把我们逼进了一条似乎永远没有尽头的隧道。职场压力属于压力的一种，是工作本身、人际关系、环境因素等诸多因素给我们造成的一种紧张感。虽说人无压力轻飘飘，但是压力过大会造成焦虑、烦躁、抑郁不安等心理障碍，甚至会产生心理疾病。阿丽要想及时调整自己，首先必须学会放下，可以通过旅游、户外运动、欣赏音像制品等方式来放松身心，及时释放内心积累的负性情绪；同时，也可以进行一些心理咨询，帮助自己度过心理阴暗期。

如何释放心理压力，学习控制情绪，轻松地度过心理阴暗期变得和吃饭睡觉一样必要。尽管减压的方式有很多种，但下面却是一些最基本的心理减压步骤：

第一要做的就是找到压力来源，解决压力就像解绳结一样，首先就是要找到绳头，也就是你的压力来源，而且要找出具体的压力来源，而不是简单地概括，你可以列一个压力来源表给自己。

第二要学会暂停，认知心理学派认为心里不断积累的负性情绪如同一种势能，不及时释放会形成破坏，因此可以通过体育锻炼、户外运动、欣赏音像制品等方式来放松身心。给自己按下暂停键，采用特殊的呼吸法，改善心情。

第三要摆正心态，降低自己的期待值，一个人不能够总是成功，要做好失败的心理准备，降低你对自己和别人过高的要求，你会发现世界豁然开朗。

第四要学会转移，当感到很压抑的时候，可以适度地转移你的注意力，可以做点别的事情，让自己快乐的事。比如说听音乐、看书、唱歌和朋友聊天等，也可以多想想自己过关斩将的辉煌，少想那些败走麦城的失败，更不要徒劳地去想没有意义、还没有发生的烦心事，戴上心灵耳塞，专心致志于此刻。

其实，退一步海阔天空。若我们换一种角度看待压力，接受命运的安排，或许心态便能平和许多。若我们换一种方式，不再期许太多，或许我们会得到满足。生活总是痛并快乐着，就像一根弹簧，你觉得痛苦多，快乐就少了。你把心理压力看得轻松，快乐也就很容易得到了。

13 最牛的员工是"能把讨厌的事做好"

每个人都喜欢停留在自己的心灵舒适区，做喜欢的工作，做顺手的工作，可是，职场上，多数情况下会遭遇不喜欢的工作，面对不喜欢的工作，你是怎样表现的呢？

先来问自己一个问题：

如果已经到了下班时间，你好不容易才把手头的工作完成，正匆匆忙忙收拾东西，打算赴恋人约会的时候，老板叫住了你，并给你一个新的任务让你处理。这个任务其实并不是很紧急，不过是老板突然想到了而已，但是你又不能推辞，这种情况下你会怎样做？

一种选择是，给恋人打电话，让他稍微等一会儿。然后以最快的速度完成这件事情，至于里面可能出现多少个失误也不计较了，反正老板也不会验收，只要赶快完成即可。

另一种选择是，打电话给恋人，取消这次约会，踏实、认真地完成老板交代的任务，即使不是很重要的，也没人查验，也要把事情做好了再下班。

你的答案是哪一种呢？

我相信很多人都会选择前者。心里急切地想去约会，但又不好拒绝老板，只有先应付下来，心不甘、情不愿地完成任务，工作中充满了无奈和不满。

然而，这样做的结果可想而知，任务完成得不够理想，甚至某一天还要重新再做一次。

在正常情况下，一个人如果从事的是一份自认为不值得做的事情，往往会出现抵触、敷衍了事的态度。不仅成功率低，而且即使成功，也不会觉得有多大的成就感。有人把这种心理定律叫作"不值得定律"。

丁丁是计算机专业的硕士生，毕业后去了一家大型软件公司。工作没多久，她就凭借深厚的专业基础和出色的工作能力，为公司开发出了新型财务管理软件，得到了单位同事的称赞和领导的肯定，还被提升为开发部经理。

她不但精通技术，还是一个值得下属信任和尊敬的上司，开发部在她的领导下取得了不凡的业绩。公司老总认为她是个人才，就把她提升到总经理办公室，负责全公司的管理工作。

接到任命通知后，丁丁并不高兴，因为她深知自己的特长是技术而不是管理，如果去做纯粹的管理工作，不但会使自己的特长无法发挥，还会让自己的专业技能荒废掉，关键是自己并不喜欢做管理。可是，碍于领导的权威和面子，她还是接受了。

然而，接下来的一个月她虽然做了很大的努力，但结果却令人失望，上司也开始对她施加压力。现在的她不但感到工作压抑，毫无乐趣，还越来越讨厌这个职位。

很多人面对不感兴趣的工作，都会像丁丁一样在压力下产生消极的情绪和应对方式，如紧张、沮丧、拖延、回避或敷衍等，但最后都难免要面对不利的后果，如同事的白眼、老板的批评、父母和老师的失望等。

所以，对自己不感兴趣的事情也能做好是每个人必修的功课，也是部分成功人士的秘诀。那如何做好自己不感兴趣的事情呢？

一、反思自己的处境，认识自己目前的应对措施会带来的后果

你可以问自己是否能够对目前困扰你的事情说"不"，如果不能，那么你正在采取的消极应对策略，如拖延、敷衍会带来什么后果，这些后果是你可以或愿意承受的吗？你可以在纸上反复推敲这几个问题，最后你会发现，不利的后果比目前烦人的工作要可怕得多。

二、要分析自己为什么对这件事没有兴趣，能否培养自己的兴趣

如果是因为对事情了解少而没有兴趣，可以在工作中培

养自己的兴趣。

比如当深入处理枯燥的报表数据时，你可能会对相应的电子表格软件产生兴趣，并发现软件中有你所不熟悉的统计功能，而掌握了这些统计方法后，你有效地提高了工作效率。有些事干着干着，可能就会产生兴趣。

如果是由于自己基础不好、能力不够而导致兴趣不足，就要想办法提升自己的能力。例如，拿着数学题无从下手，大多是因为基础太差，你会发现对着题目发呆并不能解决任何问题，那么就静下心来，从简单的题入手。

如果发现还是不能培养自己对某事的兴趣，那么想想这件事情对自己今后生活的重要性！如果数学成绩能过关，我就能考上憧憬的大学；如果我和这个讨厌的客户签下合同，老板一定会对我另眼相看！

三、如果事情本身没有什么特别意义，又不得不做

如写应景的官样文章，你可以跟自己来个约定，确立犒劳自己的方式，如完成后给自己买件衣服、请家人去饭馆吃饭庆祝、痛快地玩一天喜欢的网络游戏等。也就是说，你可以安排一件喜欢的事情放在厌烦的事情之后，想到做完手边的事后就能痛快地做自己喜欢的事了，这样就有做好手头事情的动力了。

14 如何应对领导分配的"硬骨头"

小陈是个工程师，他所在的公司在业界小有名气，他自己也很喜欢这份工作，但有些事情却让小陈很不愉快。比如，领导总是只考虑先把客户"拿下"，至于有没有能力解决客户的问题，总是放在其次。这就导致有一些项目搞定后，以公司的实力实在难以完成，这样的项目被小陈形容为"难啃的骨头"。每逢此时，小陈就遭了殃，因为老板总是把这样的"骨头"扔给他来啃。小陈觉得领导特别不近人情，简直是故意给他找碴，找麻烦，折磨他。

和小陈一样，我们职场生涯中经常会遭遇这些恼人的"硬骨头"，要么解决起来非常棘手，要么就超出了个人的能力范围，通常是折磨人的老大难问题。

如何面对这些"骨头"？最重要的一点，从心态上，你要把"骨头"当作锻炼自己、提高自己能力的"磨刀石"。谁都知道，假如在领导眼里你是个扶不起来的阿斗，他是不会委以重任的，之所以把这种难度系数高的活儿交给你办，是信任你解决问题的能力。这种信任，一定会为你带来好运。

某报社市场部在紧急召开部门会议,为了配合报纸今年的广告工作,领导决定做些宣传活动,想准备一些高档礼品随刊赠送,以提高报纸的美誉度和影响力。

可是购买礼品是一笔不小的花费。会议伊始,领导就有言在先:"最近单位流动资金紧张,最好别花钱,但是事还得办!"

全场鸦雀无声,员工们都在心里嘀咕:这年头,不花钱谁给办事啊?

只有一个新来的员工另有主意,他想,不出钱也未必绝对不可能,我们可以以易货的形式和对方交易啊,给对方一定的版面做回报。现在受经济危机影响,中小企业普遍流动资金紧张,这种形势下,易货还容易些。

于是会议后他就着手行动,和某品牌玩具公司联系,巧妙地游说对方:其实归根结底受益的还是你们,我们做推广的过程其实也是给贵公司产品做宣传的过程,对吧?

对方果真被他说服了,心甘情愿地为他提供了"免费晚餐"!双方结成了合作关系,实现了双赢。这位员工,也因此事获得了晋升,成为该报社的市场总监。

在上述案例中,这位员工面对领导亮出来的"骨头",主动接招,迎难而上,是个解决力极强的好员工。而那些被"骨头"的难度吓怕了,认为无路可走的员工,则逊色得多。

事实上，一个人面对复杂问题的态度如何，也可以表明这个人是否是一个积极向上的人。因为对于那些追求进步的人来说，要进步就要涉足很多未知的领域，就会遇到前所未有的新问题，需要通过不断地解决新问题来扩充自己的经验与知识，长此以往，便会有所提高。与之对应的是，这样的人时刻都在进步，而且这种进步是与解决问题的数量与质量成正比的；而对那些安于现状的人来说，由于只想在自己熟悉的领域获得安全感，他们每天遇到的问题几乎都是一样的，都可以凭自己现有的经验与知识能轻松解决，因此他们解决问题的能力便会停滞不前。结果显而易见，由于一直在自己熟悉的领域没有任何突破，他们自身也不会得到发展。

看到这里，我们可以得出一个结论，即具有优异的问题解决能力的人就是具备优秀素质的人才。事实上，这样的人才走到哪里都会被企业以礼相迎。原因很简单，几乎所有的企业都欠缺解决问题的高手。

那么，如何提高我们处理"骨头"的能力呢？

经过分析，这样的人往往具有以下几种素质：

一、永远正视客观的现实

他们不追求小说故事里那些一蹴而就的成功，他们接受"年轻人要从基层做起"的现实。他们也不追求绝对的"公平"——就算一时的收获抵不上付出，他们也能接受，心甘情愿从头做起，从基层做起。他们并非从一开始就给自己定下什么"伟大的目标"，而是实现一个个现实的目标，通过一步步的努力走向成功。

二、化解困惑，擅长从具体工作中寻找乐趣

困难的工作做起来艰涩难懂，非常枯燥，而解决力强的员工总能以积极的态度面对，他们会积极地从复杂的工作中找到乐趣，令自己爱上眼前的工作。只有找到乐趣，才能投入进去，致力于处理问题。他们遇到麻烦、挫折，也会换一个角度想问题，从"麻烦"中发掘快乐和机会。

三、永远采取积极的行动

即使处在"低谷"，他们也不会抱怨命运，而是积极改变自己的处境；他们不会抱怨同事、抱怨客户，而是用健康的方式与人们进行沟通；他们不会抱怨老板、抱怨公司，而是珍惜本职工作给自己提供的学习机会。总之，他们不会怨天尤人或是自暴自弃，他们总会"做点什么"，让自己渡过难关，绝不会用嘴上滔滔不绝的抱怨来打发时间，积极行动是他们唯一的向导。

四、富有远见，不计较一时得失

在难题的考验面前，平庸的人会认为领导在故意刁难自

己，感觉到自己不被器重，进而心灰意冷。而卓越的人则富有远见，他们不贪图眼前的利益，不计较暂时的个人得失，立志通过暂时的潜伏来磨砺自己，伺机突破。凭着自己的坚毅、耐心和积极，完成命运对他们的严酷"考验"。

如果你也具有上述心理素质中的一项或者几项，那么你也具备"啃硬骨头"的潜质，不久的将来，你也可能成为领导心中的最爱。

15 如何从职业倦怠中浴火重生

职业倦怠，也就是在工作的重压之下处于身心疲惫的状态。1961 年，一本名为《一个枯竭的案例》的小说在美国引起轰动，书中描写了一名建筑师因工作极度疲劳，丧失了理想和热情，逃往非洲原始丛林。从此，"职业倦怠"一词进入了人们的视野。

今天，工作对于我们来说不仅意味着填饱肚子，我们还希冀着在职场中结识朋友、得到归属感、受到尊重、实现自我……可是，你那份味同嚼蜡、钩心斗角、压力重重的工作却击碎了你填饱肚子之外的其他梦想。

于是，现代职业病——职业倦怠由此产生，工作热忱就这样悄悄地溜走。

出现职业倦怠的人犹如失去水的鱼，备受窒息的痛苦。据调查，我们产生职业倦怠的时间越来越短，有的人甚至工作八个月就开始产生厌倦感，而工作一年以上的白领有超过 40% 的人想跳槽。一项调查显示：在同一岗位工作满两年的人中有 33.3% 的人出现了职业倦怠现象。

我们不是"永动机",每个人都面临不同程度的倦怠,如何从职业倦怠中找到新生的力量?

针对职场上普遍存在的各种倦怠,我挑出三种最具代表性的症状,并提出建议。仔细看,或许在分析他人案例的过程中你自己也浴火重生了。

第一种:职场失去方向,迷惘

倦怠心语:

30岁的我已经在这家跨国公司里做了8年。其间,我用了5年时间从一名实习生升到部门经理的位置。要知道,在我们这家外资公司里,部门经理已经是中国籍员工可以达到的最高位置。做了3年的部门经理,一切对我来说已经驾轻就熟。但是,这种过于安逸的生活不仅没有让我感到轻松,反而越来越烦躁,我不知道在以后的20年中,我的明天是否永远将是今天的拷贝。我也想过自己创业或换家公司,但却无法割舍这里熟悉的氛围和优渥的薪酬。在这种矛盾的状态下,我成了被惯性推着走的、没有方向的人。

分析:

没有设计图的搬砖似的工作是上班族职业倦怠的主要症结——缺乏人生的方向与目标。如果清楚自己要成为什么样的人、想过什么样的生活,即使你一路走来颠簸失意,也不会因一时失落觉得疲惫不堪、抱怨连连。

建议：

你需要做一个职业生涯规划，确立人生的大方向与目标，这有助于你在工作中自我定位。如果你一时找不到目标，不妨将现阶段的个人方向和目标与公司的发展相配合，与同事共同讨论一些方案，拟出三大目标或四大计划，再拆解成每天的工作进度，这样你就不会迷失在工作中，找不到方向。

第二种倦怠：没有成就感，厌倦

倦怠心语：

这是我大学毕业后的第一份工作——房地产公司的销售部秘书，我的职责就是打字、准备合同、播放售楼部的背景音乐……两年了，我每天就这样机械地做着这类都不用动脑子的工作。这份工作对我来说没有挑战，不需要激情，学不到东西，唯一的好处就是不错的薪水让我在北京这个高消费的城市中不仅维持了生计，还略有结余。若不是看在薪水的面子上我真想一走了之，可只看在薪水的面子上，我工作起来又毫无热情，我希望自己的工作能多点附加价值。

分析：

同一种性质的工作做久了觉得驾轻就熟，没有新鲜感、成就感，就会有一种"吃剩饭"的感觉，自然觉得没有意思。

建议：

"剩饭"也罢，鲜菜也罢，关键是要调整好自己的"口味"，不断地创造一些花样，就像给咖啡加点糖一样，使你的工作不再"苦涩"。一个人的工作态度也会影响一个人的工作情绪。如果你的工作态度总是消极的、退缩的、推诿责任的，当然不会有成就感。尤其当你工作所需的专业技能一直没有精进时，你更容易产生倦怠感。因此，不断地充实专业知识，保持热忱、积极的工作态度，才能使自己乐在其中。即使在为售楼处播放背景音乐这样简单的工作中，你也可以找到成就感。你为什么不尝试根据不同的天气、不同的氛围选择不同的音乐呢？这也是一种需要灵感、需要创新的工作。记住，没有乏味的工作，只有乏味的人。

第三种倦怠：岗位和性格不匹配，拧巴

倦怠心语：

内向的我在这家酒店的公关部属于另类。我一向自知，和巧舌俐丽的其他同事相比，沉默的我是笃定抢不来风头的。于是，做美工的我专心地把工作做到近乎完美。阴差阳错，部门经理跳槽后，老板竟然认定踏实的我是最佳人选，就这样我意外地成了公关部经理。任职不到一年，我感觉要窒息了：公关部经理任务杂、要求高、应酬多，性格内向的我感到压力重重，觉得大多数时间精力都花在了无谓的事情上；向老板汇报时，拙于言谈的我更是经常被问得哑口无言。从老板的脸色中我读到了越来越多的不满，而我也对这份工作产生了前所未有的厌烦。

分析：

一个人如果找到适合自己性格、气质和爱好的工作职位，做到人和工作的最佳匹配则会如鱼得水，在工作岗位上大展宏图。相反，再好的岗位，如果不符合自己的喜好和特点，一段时间后，就会使人厌倦。

建议：

如果目前你的职位完全不适合你，你仅仅是看在"钱"的份儿上才勉强应付，那还是劝你长痛不如短痛，找个机会向老板言明自己的处境和期望，坦陈这一岗位不适合自己的理由，让老板帮你调整一个能发挥自己专长的位置。另外，适时换岗也有助于你克服职业倦怠。